L'ALGÉRIE EN 1880

DU MÊME AUTEUR

Histoire de l'établissement des Arabes dans l'Afrique septentrionale, selon les auteurs arabes. 1 vol. grand in-8, avec 2 cartes. — MARLE (Constantine). — CHALLAMEL (Paris), 1875.

Comment l'Afrique septentrionale a été arabisée. Brochure in-8. — MARLE, 1874.

La bataille de Poitiers et les vraies causes du recul de l'invasion arabe. Mémoire publié par la *Revue historique*. — Paris, 1878.

Constantine, avant la conquête française (1837). Notice sur cette ville à l'époque du dernier bey (avec un plan). — Mémoire publié par la Société archéologique de Constantine, 1878. — BRAHAM, éditeur.

Constantine au XVI° siècle. Élévation de la famille El Feggoun. — Société archéologique de Constantine, 1878. — BRAHAM, éditeur.

Notice sur la confrérie des Khouan de Sidi Abd-el Kader-el Djilani, publiée par la Société archéologique de Constantine, 1868.

Les Arabes d'Afrique jugés par les auteurs musulmans. (*Revue africaine*, n° 97, 1873.)

Examen des causes de la croisade de saint Louis contre Tunis (1270). (*Revue africaine*, n° 94.)

LE CINQUANTENAIRE D'UNE COLONIE

L'ALGÉRIE
en 1880

PAR ERNEST MERCIER

> La vérité, dans le langage, est très-utile, non seulement pour la science propre; mais pour la conduite de la vie; car les discours inspirent la confiance quand ils sont d'accord avec les faits.
> ARISTOTE, *Morale*, liv. X, ch. I.

PARIS

CHALLAMEL AÎNÉ, ÉDITEUR

LIBRAIRIE ALGÉRIENNE ET COLONIALE

5, RUE JACOB, 5

—

1880

PRÉFACE

Après une longue marche, le voyageur, arrêté sur un sommet péniblement gravi, plonge devant lui des regards avides et cherche à pénétrer l'inconnu qui s'offre à ses yeux : il se dit qu'assurément il a de grandes difficultés à vaincre pour arriver à son but et se demande s'il ne succombera pas avant de l'atteindre. Cependant, il se retourne et voit se dérouler à ses pieds tout le terrain qu'il a parcouru. Il cherche son point de départ et le devine plutôt qu'il ne l'aperçoit à l'horizon, dans la brume. Il se rappelle ses hésitations du début, quand il cherchait sa voie ; il se retrace les dangers auxquels il a échappé ; il se convainc de l'expérience qu'il a acquise ; il est surpris de la longueur de l'espace franchi. La constatation de ce résultat lui inspire une satisfaction intime qui le retrempe ; le désespoir qui avait failli l'envahir se dissipe, et il reprend courageusement sa marche, avec cette confiance qui est le gage du succès.

Dans la vie, aussi, il est bon de faire halte, de temps en temps, pour marquer l'étape, et de reporter ses regards en arrière, non pour regretter le passé, car la devise de l'homme doit toujours être : « En avant ! » Mais c'est justement afin d'envisager l'avenir avec plus de courage qu'un coup d'œil rétrospectif est salutaire ; et puis, en dehors de la force qu'on y puise, cela a le grand avantage de remettre les choses au point et d'empêcher d'oublier. De cette perception plus exacte résulte un jugement plus équitable, et, par suite, une marche plus logique. Ce n'est pas autre chose que le moyen d'enregistrer l'expérience, quelquefois chèrement acquise. Malheur à ceux qui ne savent pas utiliser ses leçons et marchent au hasard, sans boussole ! Or, si ces principes sont justes pour les individus, ils ne le sont pas moins pour les sociétés.

Ce sont ces raisons qui m'ont poussé à écrire ce livre. J'ai pensé qu'au moment où l'Algérie célèbre son cinquantenaire et lorsqu'elle semble devoir entrer dans une ère nouvelle par le fait de l'extension du régime civil à tout son territoire, sous la direction d'un gouverneur réellement civil, il était bon de marquer l'étape, de regarder en arrière et, après avoir constaté et revu ce qui a été fait, de porter ses regards en avant, en appliquant l'expérience acquise à l'examen du régime proposé.

Fixé depuis vingt-six ans en Algérie, où je suis arrivé jeune, il m'a été donné de voir de près bien des choses ; j'ai suivi, pas à pas, le développement de ce pays ; j'ai partagé avec tous les illusions trompeuses et connu l'amertume des déceptions. Mais, ici, travail et persévérance ont raison de tout. C'est en menant la vie du colon que j'ai passé ma jeunesse, dans une contrée que la nature a faite dure et peu aimable. Dans cette période, j'ai commencé à connaître, trop souvent à mes dépens, la société indigène. Plus tard, j'ai été à même, dans différentes fonctions, de compléter mes études sur le pays et de rectifier mes jugements. Et maintenant, je ne prévois pas l'époque où je quitterai l'Algérie et, en vérité, je n'y songe pas.

Porté, par caractère, à l'observation, je me suis efforcé de retenir les faits dont j'ai été témoin et d'en dégager les conséquences morales et pratiques. C'est, pour ainsi dire, jour par jour que j'ai composé ce livre, classant chaque chose, au fur et à mesure, dans mon esprit, de sorte que, quand j'ai voulu l'écrire, je n'ai eu qu'à laisser courir ma plume. Si donc il n'a pas d'autre mérite, il a celui d'être écrit par un acteur, acteur dont le rôle a été bien humble, comparse, si l'on veut, mais qui a figuré dans le drame.

Ennemi des systèmes, n'ayant aucune ambition, par conséquent rien à ménager, je n'ai eu pour guide que la vérité. Je me suis efforcé d'apporter dans mes jugements la plus grande modération et l'on ne m'accusera pas d'avoir fait œuvre de parti. J'ai évité toute personnalité, et n'ai cité comme noms, en bien comme en mal, que ceux qui appartiennent à l'histoire.

Mais, en disant, sans restriction, sur chaque chose, ce que je crois être vrai et juste, je ne me dissimule pas que je vais heurter bien des préjugés et me trouver en opposition avec des opinions établies. Ce n'est pas le moyen de faire de la popularité, car l'homme aime, avant tout, qu'on flatte ses chimères et ne se soucie pas qu'on démolisse les systèmes qu'il a adoptés et qui lui suffisent. D'autre part, je ne brûle pas l'encens devant les puissances du jour. Si donc je croyais recueillir de ce livre un avantage matériel, je me tromperais grandement.

Mais n'en résulterait-il pour moi qu'une satisfaction de conscience, cela me suffit, car j'estime les droits de la vérité bien supérieurs à tous les calculs d'intérêt. Et si, en exposant ce que je crois être le vrai et le juste, j'ai commis des erreurs, ce qui est inévitable en traitant un sujet aussi complexe, j'ai la confiance que ceux qui ne seront pas de mon avis ne contesteront pas ma sincérité et, s'ils me combattent, qu'ils ne me refuseront pas leur estime.

Constantine, le 15 janvier 1880.

L'ALGÉRIE EN 1880

CHAPITRE PREMIER

LA CONQUÊTE MILITAIRE

On sait comment la France fut poussée à entreprendre l'expédition d'Alger. Depuis trop longtemps l'audace des Turcs de la Régence nous bravait impudemment; une dernière insulte faite à notre consul décida la rupture. Cependant, on se contenta, durant plusieurs années, de bloquer, plus ou moins étroitement, la ville des corsaires, et ce ne fut qu'en 1830, sous le ministère de Polignac, que l'on se résolut à détruire le nid des pirates qui, depuis plus de trois siècles, répandaient la terreur dans la Méditerranée. Peut-être le désir de détourner de la royauté un orage près d'éclater, en attirant l'attention publique vers un autre but, ne fut-il pas étranger à cette virile résolution. Quoi qu'il en soit, l'expédition fut préparée avec soin et habileté, et ce fut un véritable trait de génie de choisir comme point de débarquement la rade de Sidi Ferruch, de façon à se créer une solide base d'opérations et à attaquer, ensuite, Alger par les hauteurs qui dominent cette ville, au lieu de se heurter, de front et par en bas, contre ses remparts et ses défenses, dans les conditions désavantageuses qui avaient causé le désastre de Charles V au seizième siècle et celui d'O'Reilly au dix-huitième.

Jamais entreprise d'outre-mer ne réussit plus aisément. Débarquée le 13 juin, sans rencontrer la moindre opposition, l'armée se porta promptement en avant, et, après le brillant combat de Staouéli et de nombreuses escarmouches, elle couronnait les hauteurs du Bou-Zaria le 29. Le 5 juillet, à dix heures du matin, Alger avait capitulé et notre drapeau flottait sur ses remparts. On a reproché au général de Bourmont, commandant en chef de l'armée, d'avoir accordé au dey une capitulation, à tout prendre, honorable, et de ne lui avoir pas imposé la reddition sans conditions qu'il était en droit d'exiger, sauf par lui à prendre les mesures que l'humanité réclamait. En effet, ce traité, qu'on peut qualifier hardiment de ridicule, est, en même temps, trop court et trop long. Ce n'est pas l'acte d'un vice-roi, chef à peu près indépendant, d'un vaste pays, qui rend son royaume au vainqueur. C'est la capitulation d'un commandant de forteresse qui, dans cette circonstance critique, n'a d'autre préoccupation que de mettre en sûreté sa personne et sa fortune (1). Le général en chef, de son côté,

---

(1) Voir ce traité dans Ménerville : *Législation de l'Algérie*, t. I, p. 298.

prend des engagements au moins inutiles, puisque rien ne l'y forçait. Deux choses ressortent de cette incohérence : la première, que le général n'est pas encore revenu de la surprise que lui cause son succès ; la seconde qu'il n'a reçu aucune instruction précise. Peut-être avait-on prévu toutes les conséquences de la défaite, mais, à coup sûr, on n'avait rien préparé en prévision de la victoire : on était parti en guerre sans plan arrêté relativement à une conquête possible. Ce malentendu du point de départ, aggravé par l'ignorance absolue des choses de l'Afrique, devait entraîner de fatales erreurs et nous causer de graves déboires.

Le gouvernement du dey était renversé et bon gré, mal gré, M. de Bourmont se vit, dès les premiers jours, obligé de faire œuvre de gouvernement et de prendre des mesures administratives, tandis que, simultanément, il faisait étudier par ses ingénieurs les moyens de combler le port et de raser les fortifications de la ville, dans la prévision du rappel de l'armée, sa mission étant terminée (1). Au milieu de telles contradictions, on peut se faire une idée du désordre qui accompagna cette prise de possession. Mais la nouvelle de la chute d'Alger avait eu à peine le temps d'arriver à Paris, qu'une révolution soudaine brisait le trône des Bourbons ;

(1) *Annales algériennes*, par Pellissier de Reynaud, t. I, p. 73.

le roi gagnait la frontière, tandis que le peuple, traquant ses ministres, se préparait à leur demander de sévères comptes. Peu après, le vainqueur du dey prenait aussi le chemin de l'exil.

Nous avons dit que notre point de départ avait été un malentendu causé, d'une part, par le manque de plan chez les conquérants et, de l'autre, par leur ignorance du pays conquis. Voyons quelle était, en réalité, la situation, au moment de la conquête.

Un dey, représentant nominal de la Porte, règne à peu près indépendant, à Alger. Elu par la milice turque, choisi quelquefois dans les derniers rangs de la société, ce « prince » est soumis aux caprices des soudards qui l'ont nommé. Malheur à lui, s'il ne sait contenter ses janissaires ! on défait un dey aussi facilement qu'on le crée.

Le dey a sous ses ordres trois beys : celui de l'Est, ou de Constantine, le plus important des trois ; celui de l'Ouest, ou d'Oran ; et celui de Titeri, ou de Médéa, qui commande les tribus arabes du Sud. Ces beys relèvent du pouvoir central et sont dans l'obligation de fournir à Alger un tribut annuel ou bisannuel qui n'a rien de fixe.

Les provinces se trouvent donc sous le régime d'une sorte de mise en ferme, et l'on est surpris de voir quelle petite part le dey s'est réservée dans l'administration directe des indigènes. C'est qu'il a d'autres soins à Alger ; il faut organiser la course, une des principales institutions du gouvernement qui prélève la part du lion sur les prises. Le produit de la course, les tributs servis par les beys et les cadeaux et redevances fournis par les nations chrétiennes pour éviter l'agression des corsaires, constituent les ressources pécuniaires de l'*odjak* ou régence d'Alger. Un *agha*, général en chef, un *khaznadji*, trésorier, et un *oukil-el-hadrj*, sorte de ministre de la marine et des affaires étrangères, voilà les auxiliaires du dey. Quelques milliers de soldats de toute origine : Turcs, Grecs, Albanais, Arméniens, renégats, composant la milice, sont répandus, par petits groupes, dans les principales localités de l'Algérie et suffisent pour maintenir ce pays sous l'autorité du Sultan.

Les beys ont, sous leurs ordres, des *hâkem* qui commandent pour eux les villes, et des *caïds*, chefs administratifs et militaires, qu'ils placent à la tête des tribus pour les diriger et les *manger*, selon l'énergique expression indigène. Quand le caïd s'est suffisamment enrichi par tous les moyens, s'il a échappé aux balles de ses administrés, le bey le révoque ou le met à mort, et s'empare de ses richesses. L'obéissance des indigènes n'a rien d'absolu ; parfois une tribu reste pendant de longues années en état de révolte ; on se contente de lui interdire l'accès des marchés et des villes et, tout à coup, quand son ardeur est bien épuisée, le bey, avec l'appui d'autres tribus, à ce moment fidèles, fond sur les révoltés, les défait, les massacre et met au pillage leur pays ; puis chacun rentre chargé de butin.

Tel est le procédé gouvernemental des Turcs ; la terreur est partout, et le pays ne sort pas de ces deux états : tyrannie, anarchie. Le nom turc est maudit et abhorré. Du reste, un certain nombre d'agglomérations vivent dans une indépendance absolue, telle, par exemple, la Grande-Kabilie, à quelques lieues d'Alger, pays hérissé d'âpres montagnes, renfermant une nombreuse population berbère que les Turcs ont, en vain, essayé de réduire. La route qui conduit d'Alger à Constantine, par terre, est coupée, à moitié chemin, par des tribus pillardes, et, trop souvent, le bey de l'Est, apportant le *denouche,* ou tribut, à Alger, est contraint, malgré les forces qui l'accompagnent, car il faut pour cela une véritable colonne, d'acheter le passage à prix d'argent.

Quant à la population indigène, elle est composée de quatre éléments principaux :

1° La race berbère qu'on peut appeler autochtone, peuple de la Berbérie improprement nommée par nous Barbarie. Elle occupe principalement les montagnes du littoral, le *Djebel-Aourès* et le *Sahara,* et porte, suivant les localités, les noms divers de *Kabile* (régulièrement Kebaïl), *Maure*, *Chaouïa*, *Beni-Mezab*, *Touareg*, *Beni-Menasser*, *Trara*, *Beni-Snous*, etc.

2° La race arabe, se composant de tribus venues de l'Arabie au onzième siècle et s'étant établies, d'abord, sur toute la ligne des Hauts-Plateaux, entre le Tell et le désert; de là, les Arabes ont pénétré dans les vallées du Nord et atteint, en maints endroits, le littoral.

3° Les Berbères arabisés, formant de grandes tribus qui occupent les parties intermédiaires, entre les Arabes purs et les Berbères. Ils parlent, en général, la langue arabe et se croient arabes.

4° Les Turcs, établis, en petit nombre, dans certaines villes.

Ces quatre groupes principaux forment diverses subdivisions, parmi lesquelles nous citerons les Kouloug'lis, produit des unions entre Turcs et indigènes. Enfin les villes renferment une certaine quantité de Juifs ayant pris la langue et les mœurs indigènes.

Tous ces éléments sont ennemis les uns des autres. Les tribus vivent dans un état d'hostilité constante et ne demandent qu'à se courir sus, tant à cause de l'inimitié séculaire qui les divise que par goût pour la guerre et le pillage. Les Turcs vivent dans le pays comme des étrangers détestés. De leur côté ils méprisent les indigènes et renient les enfants issus de leurs unions avec les femmes maures. Les Kabiles vivent chez eux sous un régime communaliste et particulariste excluant tout mélange avec les autres indigènes. Ils défendront, plus tard, avec énergie, leurs montagnes, mais comme un paysan dispute son champ à l'envahisseur et non comme un homme libre luttant pour se conserver une patrie. Aucun sentiment national ne met un frein aux passions de ces sauvages et ne les réunit dans une idée commune. Personne ne veut obéir à un autre indigène, et chacun accepterait plutôt le joug de l'étranger. Les Arabes méprisent les Kabiles qui le leur rendent bien ; les citadins n'ont pas de pires ennemis que les gens de la campagne ; les villes, elles-mêmes, sont divisées en plusieurs *sofs* ou partis. Défiance et haine, tels sont les sentiments des populations algériennes les unes vis-à-vis des autres.

Un seul lien est capable de les réunir contre le chrétien conquérant : c'est l'esprit religieux. Qu'un *marabout* se présente, fasse quelques tours de grossière jonglerie et crie que l'heure est arrivée, aussitôt, toute une population, tranquille auparavant, se précipitera à sa suite pour combattre l'infidèle et cueillir la palme du martyre, en mourant pour la foi. Rien de mobile comme ces gens qui n'agissent jamais en suivant une ligne tracée dans le for intérieur ; par esprit de race comme par devoir religieux, ils refusent de penser au lendemain et vivent esclaves de l'occasion, comme des enfants. « L'anarchie la plus complète », — a dit excellemment M. Renan (1), — « tel a toujours été l'état politique de la race arabe. Cette race nous présente le singulier spectacle d'une société se soutenant à sa manière, sans aucune espèce de gouvernement ou d'idée de souveraineté ».

Nous venons de constater l'importance de l'idée religieuse. Dans presque toutes les localités une ou plusieurs familles de marabouts étaient en possession de cette influence, mais, comme ces familles étaient généralement riches, on les vit rarement à la tête des mouvements populaires. Quand on possède, on devient naturellement conservateur et ennemi de toute cause de trouble, parce qu'on sent qu'on ne peut qu'y perdre. Ce sont donc presque toujours des gens inconnus, souvent de véritables vagabonds, qui ont levé le drapeau de la guerre sainte contre nous (2).

Les familles dont nous venons de parler ont, presque toutes, des *zaouia* (écoles et chapelles), centres de réunion où les présents des fidèles leur

(1) *Histoire générale des langues sémitiques*, p. 14.
(2) Qu'il nous suffise de citer les noms suivants de *chérifs* ayant lutté contre nous :

    Moussa Derkaoui, dans le Sud ;
    Bou Derbala, dans le Bellezma ;
    Bou Châreb, dans le Dira ;
    Bou Bar'la, dans l'O. Sahel ;

sont apportés et où les passants viennent chercher une hospitalité se composant de quelques reliefs et d'une place pour dormir par terre, roulés dans leurs loques. Là, les nouvelles se colportent et se commentent et les plans se concertent.

Enfin, le pays est enserré dans un réseau formé par une douzaine de confréries de *Khouan* (frères), ayant toutes entre elles cette analogie de soumettre le frère à une obéissance absolue au *Mokaddem* ou provincial. Pour être admis dans la société, il doit subir une initiation et des épreuves accompagnées de pratiques mystérieuses. Le Khouan, ayant son entrée partout, est un agent d'autant plus dangereux que rien ne le décèle aux yeux des profanes. Aussi est-il peu d'insurrections où ces confréries n'aient joué un rôle décisif.

Telles étaient, telles sont encore, en partie, les conditions politiques et sociales de l'Algérie. Leur connaissance aurait montré la marche à suivre et, malheureusement, on les ignorait. On avait cette chance de se trouver en présence d'un peuple rompu, désorganisé, sans nationalité, sans chef, et

> Bou Máza, dans le Dahra ;
> El Fádel, à Tlemcen ;
> Ougab-el-Oukt, dans la Kabilie orientale ;
> Moulaï Brahim, dans les O. Naïl ;
> Bou Sif, dans le Djerdjera ;
> Bou Sebá, dans la Kabilie ;
> Mohammed ben-Abd-er-Rahman, dans l'Aourès ;

et tant d'autres, tous gens inconnus dans le pays.

il fallait s'appliquer à le maintenir dans cette anarchie qui triplait notre force. Or, on fit son possible pour le reconstituer et lui donner un chef. Nos généraux, après avoir renversé, à Alger, la puissance légale régnant sur le pays, ont oublié que les indigènes, avant la conquête, n'étaient pas libres et ont traité avec eux de puissance à puissance, au lieu de leur déclarer, en toute circonstance, que, par le fait de la capitulation de leurs maîtres les Turcs, ils étaient devenus nos sujets. Enfin, il aurait fallu, tout d'abord, avoir un plan de conquête et le faire appliquer d'une manière suivie par des hommes d'initiative, énergiques et intelligents. On se trouvait en présence de l'inconnu ; mais on devait aussitôt chercher à en pénétrer les mystères et à se faire une idée précise de la géographie du pays et de l'état de ses populations. En procédant avec cette logique, la conquête aurait pu être effectuée en quelques années et l'on aurait évité des efforts, des revers et des sacrifices inutiles.

Il est facile, dira-t-on, de raisonner sur ce qu'il fallait faire en 1830 ; mais on doit se reporter à cette époque, et, faisant abstraction de tout ce qu'on a acquis depuis, se mettre, par la pensée, dans la situation de ceux qui dirigeaient alors les affaires, qui en avaient la responsabilité et qui voulaient, avant tout, éviter un désastre. Rien de plus juste. Notre intention n'est pas de leur reprocher ce qu'ils n'ont pas fait, bien qu'un certain nombre de fautes eussent dû être évitées. Nous disons seulement ce qu'il aurait fallu faire pour réussir en quelques années, avec moins de difficultés ; il est vrai qu'une foule de choses ne pouvaient se deviner ; une dure expérience devait les faire connaître.

Après cette longue digression revenons à l'analyse rapide des faits.

Le gouvernement de juillet, entre autres avantages dont il profita, eut ce bonheur de trouver l'affaire d'Alger lancée et en bonne voie. Peu après la chute de cette ville, les beys de Titeri et d'Oran avaient envoyé leur soumission ; puis, Bône s'était livrée à nous. Des cheïks du Sud avaient envoyé leur adhésion. Cependant le gouvernement, après avoir eu, un instant, l'étrange idée de rendre Alger à la Porte et de conserver sur le littoral algérien une bande partant de l'embouchure de l'Harrache et se prolongeant jusqu'à Bône, c'est-à-dire à travers le pays le plus difficile et habité par les populations les plus sauvages, semblait revenu à un plan d'occupation restreinte. Le général Clauzel, commandant des troupes expéditionnaires, car il n'était pas question de nommer un gouverneur, entra, à cet effet, en pourparlers avec le bey de Tunis et conclut avec lui, le 19 septembre 1830, un traité par lequel il cédait à un frère du bey la province de Constantine, moyennant certains avantages pour les Européens, et le service d'une redevance d'un million de francs (1). Une seule chose manquait à cette convention : c'était la ratification du bey de Constantine, Ahmed, homme énergique, qui avait pris le titre de pacha et n'était nullement disposé à abandonner sa province, malgré la destitution dont il avait été frappé par Clauzel. Le nouveau bey ne faisant aucun effort pour prendre possession de son domaine, le traité resta lettre morte.

Encouragé par ce succès politique, le général Clauzel signa, dans les premiers jours du mois de février suivant (1831), une autre convention par laquelle il céda à un autre frère du bey de Tunis la province d'Oran, à charge de fournir un tribut égal d'un million de francs. C'était, paraît-il, une taxe unique. Le nouveau bey alla mélancoliquement, avec quelques centaines de Turcs, occuper la ville d'Oran qu'il trouva vide d'habitants et sans ressources.

Cette politique simplifiait singulièrement la question de conquête. La fortune nous avait mis dans la main une vaste et belle contrée, et nous ouvrions la main. Cependant, l'opinion publique se souleva contre de telles insanités. Clauzel fut rappelé et

(1) Voir ce traité dans Ménerville, t. I, p. 13.

remplacé par le général Berthezène, un des hommes les moins propres aux fonctions dont on le chargeait.

Depuis plus d'un an nous occupions Alger. De nombreuses courses avaient été faites dans la plaine de la Mitidja ; on était allé à Blida et à Médéa, où l'on avait conduit un bey, mais on était rentré sans occuper ces villes, de sorte qu'après notre départ les choses étaient rentrées dans leur état antérieur, avec cette aggravation que les hommes et les tribus qui s'étaient montrés bien disposés pour nous avaient été l'objet des vengeances de leurs concitoyens. Notre situation à Alger était précaire ; aucune sécurité ne régnait au delà des avant-postes, et l'on n'avait pas su créer de rapports sérieux avec les indigènes. En septembre 1831, on se décida à occuper Oran et à rendre la liberté aux malheureux Tunisiens qui y mouraient d'ennui et de misère, bloqués de toute part par des populations hostiles.

Mais nous n'avons pas la prétention de suivre pas à pas les faits de la conquête. Au général Berthezène succéda le duc de Rovigo (1er décembre 1831), qui, à son tour, fut remplacé par le général Voirol (avril 1832). Sous le commandement de ce dernier, ou plutôt pendant l'intérim qui précéda son arrivée, fut créée l'institution du bureau arabe, qui procura enfin le moyen de pénétrer la société indigène et d'entrer directement en rapports avec elle. Les bons résultats de l'administration du général Voirol ne tardèrent pas à se faire sentir. La Mitidja fut pacifiée, et la colonisation put commencer à s'y étendre.

Malheureusement nos affaires n'étaient pas dans d'aussi bonnes mains à Oran. Le général Desmichels, qui y commandait, prétendait ne recevoir aucun ordre d'Alger et prenait ses instructions directement de Paris. Dès les premiers jours de son arrivée, qui avait eu lieu en avril 1833, il avait pris possession d'Arzeu et de Mostaganem et avait lutté, sans grand avantage, contre les Arabes qui pressaient constamment Oran.

A cette époque, un jeune indigène de la tribu des Hâchem, voisine de Maskara, remarquablement doué, ambitieux et énergique, commençait à se faire un nom dans l'Ouest. Son père, El Hadj Mohi-ed-Dine, était un *marabout* renommé, et c'est en s'appuyant sur la notoriété dont il jouissait, que son fils, Abd-el-Kader, avait réussi à entraîner à sa suite quelques partisans de sa tribu pour guerroyer contre les chrétiens. Ses succès, son activité, l'ascendant qu'il savait exercer sur les masses, en firent bientôt le plus redoutable ennemi des Français. Etabli près d'Oran, il coupa toute communication entre cette ville et les tribus, inquiéta sans cesse nos avant-postes, fondit sur nos convois, en un mot, fut toujours en face de nous, de telle sorte que nos soldats s'habituèrent à voir en lui le chef des Arabes.

Le général Desmichels s'y trompa également et ne sut pas se rendre compte que le jeune Abd-el-Kader agissait isolément et que les indigènes avaient d'autres chefs plus anciens et plus puissants que lui. Tout heureux de voir la résistance personnifiée, enfin, dans un homme, il ne chercha qu'à entrer en relations avec ce représentant des Arabes, et, ses ouvertures ayant été acceptées, un traité fut conclu entre Abd-el-Kader, Emir (ou prince) des Croyants, et le général Desmichels, au nom de la France. Il consacrait les points suivants : Cessation des hostilités, remise des prisonniers et liberté des marchés ; mais l'émir avait entre les mains une autre pièce, traité secret signé par le général, lui attribuant le monopole du commerce et la haute main sur le port d'Arzeu, et laissant aux Arabes le droit d'acheter des armes et de la poudre (1).

Ainsi, par notre faute, la pierre sur laquelle l'obscur fils de marabout allait fonder sa puissance, était posée. Nous lui donnions ce titre de Prince des Croyants, *Emir-el-Moumenin*, qui n'appartient qu'aux khalifes et n'est pris que par les souverains d'empires. La France traitait de puissance à puissance avec un homme qui n'avait sous son autorité que quelques tribus et dont la famille n'avait jamais

---

(1) *Annales algériennes*, t. I, pp. 369 et suiv.

exercé le moindre pouvoir. On envoya au jeune chef un consul à Maskara ; on le laissa s'emparer du port et du commerce d'Arzeu, et l'on reçut, à Oran et à Mostaganem, ses chargés d'affaires, véritables espions placés au milieu de nous pour surveiller les Arabes et les empêcher de se rapprocher de nous. La diplomatie du petit marabout avait remporté une véritable victoire.

L'étonnement causé par l'audace d'Abd-el-Kader fut encore plus grand chez les indigènes que chez nous et faillit causer sa perte. Sidi el Aribi, chef des tribus du Chelif, personnage bien autrement puissant que le marabout des Hâchem ; — Moustafa ben Ismaïl, chef des Douairs, qui avait été agha du temps des Turcs ; — Kaddour ben el Mokhfi, cheïkh de la tribu des Bordjïa, se prononcèrent ouvertement contre l'imposteur qui osait se parer du titre d'émir et traiter au nom des indigènes. Réduit, pour tout territoire, à Maskara et à sa banlieue, car Tlemcen était aux mains des Turcs et Kouloug'lis du Mechouar qui ne cessaient de nous appeler depuis plusieurs années, Abd-el-Kader voulut attaquer ses ennemis à l'improviste, avant qu'ils eussent opéré leur jonction ; mais Moustafa lui fit essuyer une défaite dans laquelle l'émir lui-même faillit périr.

Un autre que le général Desmichels aurait profité de cette circonstance pour réparer les torts qu'il avait faits à sa patrie par son inconséquence, et sortir de la position impossible qu'il s'était créée à Oran. Mais notre général tenait, au contraire, à compléter son œuvre. Non-seulement il envoya des armes et des munitions à notre plus dangereux ennemi, mais encore, repoussant les instances de Moustafa qui le suppliait de l'appuyer, il fit des démonstrations qui permirent au jeune émir de triompher de ses adversaires.

Telle fut notre politique dans la province d'Oran. Aucune ne pouvait être plus funeste et l'on se demande si, pour trahir son pays, il eût fallu s'y prendre autrement. Le général, dira-t-on, — avait traité avec le seul chef qui se trouvât en face de lui. Mais la moindre enquête lui aurait appris qu'il en existait d'autres qui ne se montraient pas, parce qu'ils n'attendaient que l'occasion de se déclarer pour nous. Abd-el-Kader les en empêcha en traitant lui-même avec les mécréants. Nous ne nous sommes donc pas trop avancé en disant, plus haut, que bien des fautes pouvaient être évitées. De plus lourdes encore allaient être commises.

Le 22 juillet 1834, le gouvernement se décida à donner à l'Algérie un gouverneur général avec une organisation administrative indiquant enfin l'idée de conserver le pays. Malheureusement, il nomma à ce poste le comte Drouet d'Erlon, glorieux débris des guerres de l'Empire, septuagénaire dont l'âge aurait dû être un motif suffisant pour ne pas l'arracher à son repos. Un homme actif et énergique, prenant en main les affaires d'Algérie, pouvait encore réparer le mal fait dans la province d'Oran. Le comte d'Erlon sembla d'abord entrer dans cette voie, surtout quand l'existence du traité secret fut connue. Le général Trézel vint à Oran remplacer son collègue Desmichels et reçut pour instructions de s'opposer à toute tentative d'agrandissement, de la part d'Abd-el-Kader, à l'est du Chelif. Mais, en même temps, l'habile émir envoyait à Alger son homme de confiance, le juif Durand, personnage des plus dangereux qui sut, bientôt, prendre une grande influence sur le vieux gouverneur et l'amener à modifier lui-même tous ses plans.

Abd-el-Kader commença donc à intriguer dans la province d'Alger et bientôt, levant le masque, il se rendit à Miliana, puis alla défaire, près de Médéa, un marabout du nom de Mouça, qui était venu à la tête d'une bande de Khouan Derkaoua, saccager le beylik de Titeri. Il profita de cette marche pour étendre son autorité sur tout le pays du Chelif et laisser des représentants à Miliana, à Cherchel et à Tenès.

L'émir lui-même avait déchiré le traité. Le général Trézel marcha contre lui; mais la campagne se termina bientôt par le désastre de la Maktâ, une des plus tristes journées de l'histoire des guerres d'Afrique. Avec quelle abnégation, avec quel courage notre brave armée se dévouait à l'œuvre de la conquête ! Pourquoi fallait-il qu'on ne sût pas mieux employer ces nobles cœurs et que tant de sang fût versé si généreusement, sans profit !

On ne pouvait rester sur cette défaite : le maréchal Clauzel, chargé de venger notre honneur, arriva le 10 août 1835 à Alger que le comte Drouet d'Erlon avait quittée quelques jours auparavant. On alla, en faisant de la haute stratégie, à Maskara, où l'on ne trouva personne et qu'on abandonna en essayant de l'incendier. On alla à Tlemcen où, après avoir débloqué les braves Turcs, on ne trouva rien de mieux, pour les récompenser, que de les frapper d'une forte contribution dont le recouvrement fut confié au commandant Yusuf et au juif Lasri. Au moyen du bâton on força ces malheureux à livrer les derniers bijoux de leurs femmes, seule chose qui leur restât, après les longues années de blocus qui avaient absorbé toutes leurs ressources ; dépouillés, abreuvés d'avanies, ces malheureux abandonnèrent cette ville qu'ils nous avaient conservée et allèrent chercher asile ailleurs (1). Cet exemple prouvait, une fois de plus, aux Algériens qu'il valait beaucoup mieux être de nos ennemis que de nos amis. Une gar-

(1) *Annales algériennes*, t. II, pp. 47 et suiv. Voir surtout la lettre écrite au maréchal Clauzel, par les Turcs du Mechouar.

nison française fut laissée dans le Mechouar.

Depuis quelques années Bougie avait été occupée, et on s'y était maintenu au prix de luttes incessantes. A Bône, le général d'Uzer avait, par une politique habile et ferme, étendu notre domination et rétabli la sécurité dans le pays environnant. La situation dans l'Est était donc satisfaisante. En 1836, le général Perrégaux poussait une pointe dans la vallée du Chelif et obtenait d'importants résultats politiques et militaires. On le voit, quand le commandement tombait dans des mains autres que celles des Berthezène, des Drouet d'Erlon, des Desmichels, la face des choses changeait rapidement, et c'est avec satisfaction qu'on peut opposer à ces noms ceux des Voirol, des d'Uzer, des Perrégaux.

Mais M. Clauzel trouvant, sans doute, que les choses marchaient trop bien dans l'Est, se hâta de destituer le général d'Uzer et de le remplacer par Yusuf, nommé bey de Constantine, *sans traitement*. Le nouveau bey arrive à Bône, accompagné de l'inévitable Lasri, son bailleur de fonds ou son associé. Aussitôt, l'œuvre du général est mise à néant. On organise le système des *razias* sur les tribus inoffensives, et les bestiaux sont embarqués par les soins de Lasri. Le vide se fait autour de Bône et les indigènes, déjà ralliés à notre cause, rejoignent le bey Ahmed, en disant : « Puisque le bey des Français nous traite encore plus durement qu'Ahmed, mieux vaut retourner à celui-ci (1) ».

Bientôt le maréchal Clauzel, qui est allé en France pour demander des troupes et n'a pu en obtenir, se décide à marcher sur Constantine avec ses seules forces. Yusuf lui a annoncé que les populations n'attendent que son arrivée pour se jeter dans ses bras, et il croit qu'il va faire une promenade triomphale. La désillusion fut cruelle ; car l'expédition, follement entreprise, ne fut qu'une suite de déconvenues terminées, par la terrible retraite que l'on connaît. (Oct. 1836.)

L'année suivante, l'armée française conduite par le général de Damrémont reprenait le chemin de Constantine. Cette fois, le siège était mené avec autant de vigueur que d'habileté. Officiers et soldats y déployèrent une ardeur, une constance et un courage admirables ; aussi, le 13 octobre 1837, notre drapeau flottait-il sur la vieille cité numide. Les généraux de Damrémont et Perrégaux et un grand nombre d'officiers et de soldats avaient payé de leur vie ce beau succès, qui nous permettait de nous établir au cœur de la province de Constantine.

Cependant la province d'Oran avait, de nouveau, été le théâtre d'évènements singuliers. Le général Bugeaud, arrivé avec des instructions qui, selon lui, lui conféraient le droit de traiter directement

(1) *Annales alg.*, t. II, p. 90.

avec l'émir, se mit en route, au mois de mai 1837, à la tête d'une colonne assez forte. Il ravitailla Tlemcen et se porta, ensuite, sur la Tafna. Quelques jours après, le 30 mai, il signait, avec Abd-el-Kader, ce traité de la Tafna qui n'est que la consécration de celui qui avait été accepté par le général Desmichels, mais, avec cette aggravation que le royaume de l'émir était considérablement étendu. L'article premier dispose que l'émir Abd-el-Kader reconnaît la souveraineté de la France sur l'Afrique, reconnaissance platonique, singulièrement atténuée par ce qui suit. En effet, par l'article 2, la France ne se réserve, dans la province d'Oran, que « Mostaganem, Mazagran et leur banlieue », Oran et Arzeu, avec un petit territoire à l'ouest d'Oran ; dans celle d'Alger, Alger et la Mitidja qu'on a soin de mal délimiter à l'est, afin de donner à l'émir de bons prétextes pour étendre ses prétentions jusqu'à la province de Constantine. Tlemcen et son port Rachegoun sont, en outre, cédés à Abd-el-Kader.

L'esprit reste confondu devant une pareille aberration, et l'on se demande à quoi le général Bugeaud aurait consenti, s'il avait fallu traiter après des désastres. Les détails du procès du général Brossard vinrent, quelque temps après, jeter un triste jour sur les affaires de la province d'Oran et l'on ne peut se défendre de soupçons bien offensants pour la mémoire du général Bugeaud, qui a, plus tard, acquis tant de titres à la reconnaissance des Algériens, quand on le voit forcé d'avouer qu'il a reçu cent mille boudjou (1) d'Abd-el-Kader et une forte somme d'un négociant d'Oran auquel il a annoncé la paix, avant peut-être qu'elle ne fût signée, le tout pour remettre en état les chemins vicinaux d'Excideuil ! Le mot honneur n'avait-il plus cours en Afrique ? Mais ce qui étonne davantage, c'est que le gouvernement français ait ratifié ce traité, alors qu'il paraît avoir donné pour instructions, à M. Bugeaud, de ne conclure que sur les bases suivantes : l'émir s'obligera à servir un tribut et ne dépassera pas le Chelif, à l'est.

Les conséquences de cette déplorable convention ne tardèrent pas à se faire sentir, d'autant plus que le maréchal Valée, gouverneur de l'Algérie, voulut, à toute force, prouver à la France que l'Algérie était pacifiée, et, à cet effet, supporta toutes les exigences, tous les empiétements de l'émir. On se fit un véritable plaisir de fournir à « ce prince » tout ce dont il avait besoin pour s'organiser contre nous : armes, munitions, matériel, et même des ingénieurs pour organiser ses arsenaux, des ouvriers pour y travailler, des officiers pour instruire ses troupes, des médecins pour les soigner.

Malgré toutes ces capitulations de conscience, malgré toutes les humiliations supportées par notre

(1) Le rial boudjou valait 1 fr. 80 cent.

gouverneur d'un front si serein, la paix ne fut pas de longue durée. Dès le premier jour, des contestations s'étaient élevées au sujet de la limite orientale qu'Abd-el-Kader voulait reporter au milieu de la province de Constantine. La promenade du duc d'Orléans, de Constantine à Alger, par le passage des Bibans, qui fut un véritable tour d'escamotage (1), entraîna la rupture. A la fin de 1839, l'émir, nous ayant déclaré la guerre, vint ravager la colonisation naissante dans la plaine de la Mitidja et porter le meurtre, le pillage et l'incendie jusque sous les murs d'Alger, sans que le gouverneur songeât à lui opposer la moindre résistance. Notre premier acte, en présence de cette levée de boucliers, avait été de rappeler tous nos postes avancés, en abandonnant les colons au couteau des indigènes. Le gouverneur finit cependant par prendre l'offensive ; il alla occuper Médéa et Miliana et passa toute l'année 1840 en marches et contremarches, sans obtenir de résultats bien appréciables.

Par bonheur, le général Bugeaud, nommé gouverneur, arriva à Alger le 22 février 1841 et prit la direction des opérations. Dès lors la face des choses changea, car le général sembla vouloir racheter, à force d'activité et d'habileté militaires, ses torts et ses erreurs des premiers jours. Fort bien secondé par des officiers tels que Lamoricière,

(1) *Annales alg.*, t. II, p. 334.

Bedeau, Changarnier, Baraguey d'Hilliers, Géry, Pélissier et tant d'autres, il ne laissa pas un instant de repos à l'émir, le chassa de toutes ses forteresses et le força à chercher un refuge au Maroc. Les villes de Maskara, Tlemcen, Cherchel, Tenès, furent successivement occupées ainsi qu'une foule de postes secondaires. Takdemt, l'arsenal d'Abd-el-Kader, fut détruit de fond en comble, de même que Boghar, Saïda et Sebdou, où il avait établi des magasins. Les indigènes trouvant, enfin, chez nous, une protection efficace et une politique suivie, reçurent les chefs que nous leur donnâmes et nous fournirent leurs cavaliers pour le combat et leurs bêtes de somme pour les convois.

Mais l'émir avait reçu de nous une puissance par trop grande, et cet homme vraiment supérieur joignait à une énergie qu'aucun revers ne pouvait abattre, un esprit fertile en ressources et un coup d'œil sûr. Il avait le génie de la guerre de partisans en Afrique. Nouveau Jugurtha, il traîna à sa suite nos légions, dans tous les ravins, sur tous les sommets du pays. Vingt fois sur le point d'être pris, il parvenait toujours à glisser entre nos colonnes. En vain ses plus fidèles guerriers tombaient-ils autour de lui ; en vain le duc d'Aumale lui enlevait-il sa Zmala ; en vain forçait-on toutes les tribus à se détacher de lui ; en vain coupait-on ses communications et le réduisait-on aux abois ; il reparaissait toujours, au moment où on le croyait écrasé, et, par un coup d'audace, prouvait que sa ténacité et son adresse lui procuraient sans cesse de nouvelles ressources.

Dans la province de Constantine, dont les tribus étaient au moins aussi indépendantes que celles de l'Ouest, rien de semblable. Les populations se soumettaient et notre rayon d'occupation s'étendait, pour ainsi dire, sans lutte. Et cependant, le bey Ahmed tenait toujours la campagne, et, dans la région kabile, un marabout, du nom de Si Zerdoud, essayait de lutter contre nous. Mais, comme on n'avait pas fait la faute de traiter avec eux et de leur constituer un empire de toutes pièces, ils étaient sans force et l'on finit par avoir raison de l'un et de l'autre, sans que les indigènes eussent été troublés d'une façon inquiétante par ces agitateurs. De tout temps ces choses s'étaient produites en Algérie ; il n'y avait là rien que de normal.

L'année 1845 se signala par une véritable levée de boucliers, dans les provinces d'Alger et d'Oran. Les Khouan de Moulaï-Taïeb paraissent en avoir été les promoteurs. Le signal partit du massif du Dahra, à la voix d'un thaumaturge qui se faisait appeler Bou Mâza (l'homme à la chèvre). Du reste, plusieurs Bou Mâza parurent simultanément, et l'un deux, jeune fanatique, ayant été livré par les Beni-Zoug-Zoug, montra, par ses réponses, qu'aucune idée politique n'avait armé les indigènes et qu'ils n'avaient cédé qu'à la haine religieuse. « Les Arabes vous détestent », dit-il dans son interrogatoire, « parce que vous n'avez pas la même religion qu'eux...... (1) ». Ces diversions retardèrent certainement la chute d'Abd-el-Kader.

Cependant, le général Bugeaud, suivant une vraie politique de conquête, faisait occuper tous les points que la position stratégique ou l'importance agricole désignaient pour la fondation de nouvelles villes. Sidi Bel Abbès, Tiaret, Nemours, dans la province d'Oran ; Orléansville, Teniet-el-Had, Aumale, Boghar, dans celle d'Alger ; Djidjeli, Setif, Batna, Biskra, Aïn-Beïda, Tebessa, Souk-Ahras, La Calle, dans celle de Constantine, reçurent des garnisons autour desquelles se forma le noyau de villes françaises. La quantité de troupes mises à la disposition du gouverneur avait, enfin, été suffisamment augmentée pour permettre d'occuper le pays et de rompre la résistance indigène en la fractionnant.

Quelque temps auparavant, Abd-el-Kader avait, par ses intrigues, entraîné le sultan du Maroc à le soutenir ; le bombardement de Tanger et de Mogador et la bataille d'Isli (14 août 1844) suffirent pour ramener Mouley Abd-er-Rahmane à la politique de non-intervention dont il n'aurait jamais dû sortir ; l'obligation de repousser l'émir par les armes lui

(1) *Annales alg.*, t. III, p. 205.

fut même imposée. Dès lors, Abd-el-Kader n'eut plus une pierre pour reposer sa tête ; réfugié dans le Sud, sur le territoire marocain, il tenta de nous créer encore des embarras et partit de là, plusieurs fois, pour faire de hardies expéditions contre nous ou nos alliés ; mais il était toujours contraint de regagner le Sud. Deux fois, dans ces retraites précipitées, l'émir commit cet acte barbare d'ordonner ou tout au moins de permettre le massacre de ses prisonniers français. Forcé d'abandonner, dans le Djebel Amour, M. Lacote, chef du bureau arabe de Tiaret, et M. Levy, interprète militaire, il ne nous les laissa que criblés de balles et expirants. Peu après, il donnait l'ordre de mettre à mort 270 prisonniers français ; on les partagea en petits groupes et on les égorgea lâchement. Quoi qu'on ait pu dire pour atténuer cette infamie, l'acte subsiste et l'auteur aurait dû nous en rendre de sévères comptes. Les services rendus depuis n'effaceront pas cette tache au front de l'émir, et l'opinion publique aurait pu modérer son enthousiasme pour le bourreau de nos prisonniers.

Dans l'automne de l'année 1847, le souverain du Maroc, cédant à notre pression, fit marcher des troupes contre l'émir, afin de l'expulser de son empire. Contraint à la fuite, Abd-el-Kader voulut rentrer sur notre territoire et rencontra nos postes qui gardaient tous les passages. Il se livra au colonel de Montauban, qui le remit au général La Moricière (21 décembre 1847). Le duc d'Aumale, qui avait remplacé le maréchal Bugeaud comme gouverneur, arriva à Nemours, pour prendre possession du prisonnier.

Telle fut la chute du Jugurtha moderne ; de même que pour l'ancien, c'est grâce à la coopération du roi de Maurétanie, son ancien allié, qu'elle fut obtenue. Là s'arrête l'analogie, car le traitement qu'il éprouva de ses vainqueurs fut tout autre.

Dans le cours de la même année, Bou Mâzza, réduit à la vie errante, repoussé par tous, s'était rendu au colonel de Saint-Arnaud, à Orléansville. On dit qu'après avoir obtenu sa liberté, l'ancien chef Khouan prit goût à la vie européenne et séjourna assez longtemps à Paris, y menant joyeuse existence. Il prit ensuite du service en Turquie et est mort en Orient dans ces dernières années.

En 1848, le bey Ahmed se remit entre les mains du colonel Canrobert et fut interné à Alger.

La pacification devenait générale ; cependant pour assurer la sécurité du Tell, on jugea nécessaire d'occuper des postes avancés dans le Sud ; nos prédécesseurs les Romains n'avaient pas échappé à cette nécessité. La France s'établit ainsi à Géryville, à Bouçaada, à L'Aghouat. Cette dernière oasis, qui avait donné asile au chérif Ben Abd Allah, fut en levée de vive force par le général Pélissier, après un siège rapide et meurtrier (4 décembre 1852).

Un seul point échappait encore à notre domination. La Grande Kabilie, c'est-à-dire le massif du Djerdjera, dont les sommets neigeux s'aperçoivent d'Alger, conservait sa farouche indépendance. Jamais les Romains ni les conquérants arabes, ni les princes berbères, ni les Turcs n'avaient pu asservir les populations guerrières de ces contrées. La Kabilie, indépendante, devenait le refuge de tous les agitateurs et des mécontents ; ainsi, pendant un certain nombre d'années, un *chérif,* du nom de Bou Bar'la (l'homme à la mule) nous y brava ouvertement. Bien qu'il eût été pris et tué par un parent de ce Mokrani, qui, en 1871, devait se mettre à la tête de la révolte contre nous, l'hostilité et l'agitation des tribus kabiles continua. Une telle situation ne pouvait être tolérée, mais toutes les forces de la France se trouvaient alors en Crimée et aucun effort sérieux ne put être tenté avant la fin de la guerre d'Orient.

Au commencement de l'été de l'année 1857, des colonnes parties simultanément de Constantine et d'Alger envahirent la Grande Kabilie, et, sous la direction du général Randon, alors gouverneur, attaquèrent les Kabiles massés et retranchés dans les montagnes abruptes du Djerdjera. Malgré une résistance acharnée des indigènes qui nous firent subir de sérieuses pertes, nos troupes escaladèrent tous leurs retranchements, et, au mois de juillet, le drapeau français flottait sur ce fier *Mons-ferratus,* que nos devanciers n'avaient pu soumettre. La construction d'un fort à Souk-el-Arbâa des Beni Raten, au cœur du pays, l'ouverture d'une route y conduisant assurèrent notre domination sur la contrée.

Ainsi, dans l'été de l'année 1857, la conquête militaire de l'Algérie se trouva terminée. De la Tunisie au Maroc, de la Méditerranée au Sahara, tout le pays nous était soumis. La France avait acquis un domaine d'une superficie d'environ quarante-trois mille kilomètres carrés, avec un développement de onze cents kilomètres de côtes et une population de deux millions et demi d'indigènes.

Vingt-sept ans avaient suffi pour mener à bien cette entreprise, et c'est le cas de rappeler ici à ceux qui aiment ce genre de rapprochements que les Romains, agissant dans des conditions sensiblement identiques, ont mis deux siècles pour conquérir l'Afrique. Les ressources de notre génie national nous firent triompher des difficultés et des erreurs du début; le courage et l'abnégation de nos soldats, l'habileté des officiers qui dirigèrent les affaires depuis 1841, firent le reste.

CHAPITRE II

L'ALGÉRIE SOUS NOTRE DOMINATION

Nous avons retracé à grands traits, dans le chapitre précédent, les faits principaux de la conquête de l'Algérie, en essayant d'indiquer combien les indécisions du commencement nous furent préjudiciables. Il est certain que le résultat final aurait pu être plus facilement et plus rapidement atteint ; mais il en est ainsi de toutes les choses humaines : rien ne se fait sans tâtonnements et sans fausses manœuvres ; nous avons néanmoins réussi, c'est le principal. N'oublions pas non plus que le gouvernement de juillet qui, à tort ou à raison, s'attachait avec tant de soin à ne pas éveiller les susceptibilités de l'Angleterre, ne pouvait proclamer ouvertement son intention de conquête. Depuis que l'équilibre européen, tel qu'il résultait des traités de 1815, est rompu, chaque nation poursuit, sans contrainte, ses plans d'agrandissement ; mais il n'en était pas de même alors. Enfin, en France même, un parti était opposé à toute idée d'établissement en Algérie ; ce parti avait des représentants à la Chambre, et l'on se rappelle que l'un d'eux, l'honorable M. Desjobert, ne craignit pas de parodier un exemple célèbre, en déclarant, à chaque scrutin, qu'il votait, en outre, pour qu'on abandonnât l'Afrique.

Nous allons maintenant passer en revue les différents procédés d'administration appliqués, et faire le rapide historique des évènements survenus en Algérie sous notre domination, jusqu'à ce jour.

Dès les premiers temps de la conquête, il fallut organiser l'administration des points occupés. On y pourvut en transplantant la plupart de nos services financiers, judiciaires et administratifs de la métropole, auxquels on fit subir quelques modifications de détail. Un fonctionnaire dit *intendant civil* fut chargé, avec l'assistance d'un conseil, de la centralisation et de la direction des affaires, sous l'autorité du gouverneur général.

Organiser ce qui précède n'était pas difficile ; il en était autrement de l'administration des indigènes. On s'en débarrassa d'abord, en nommant un « *agha des Arabes* », chargé de régler tous les rapports avec eux. Cette fonction existait sous les Turcs, mais on comprend que pour nous, étrangers, ne connaissant rien au pays, elle nous fut plus nuisible qu'utile. M. de Bourmont en avait d'abord chargé un maure d'Alger (1), intrigant sans influence et sans talent. Le 18 février 1831, un officier supérieur de gendarmerie fut nommé agha des Arabes ;

---

(1) Hamdane-ben-Amine-es-Sekka.

il va sans dire que le résultat ne fut pas plus satisfaisant. Un arrêté du général Berthezène, du 24 juin suivant, accorda cette fonction à El Hadj Mahi-ed-Dine (1), en lui attribuant un traitement de huit mille francs, lui donnant une garde de quarante hommes et lui conférant le droit de nommer des caïds et des cheïkhs, de frapper des amendes, etc. (2).

Ces mesures n'eurent d'autre résultat que d'éloigner de nous les indigènes ; de plus, elles nous enlevèrent l'occasion et le moyen de pénétrer cette société et de l'administrer par nous-mêmes, nous forçant ainsi à rester sous la dépendance d'intermédiaires de rencontre qui ne présentaient, le plus souvent, aucune garantie.

Enfin, au mois de mars 1832, pendant l'intérim du général Avizard, on organisa le bureau arabe, d'après les conseils du général Trézel, chef d'état-major. Le capitaine de Lamoricière, nommé chef de ce bureau, groupa autour de lui des hommes intelligents, au courant de la langue et des mœurs du pays, et, dès lors, on entra directement en relations avec les indigènes. Ainsi fut créée une institution qui devint un des meilleurs instruments de la conquête et dont les bons effets se firent immédiatement apprécier.

(1) Il ne faut pas confondre ce chef qui habitait près de Larbâ, avec le père d'Abd-el-Kader, son homonyme.
(2) Voir cet arrêté dans Ménerville, t. I, p. 5.

Cependant, en 1834, le comte Drouet d'Erlon crut devoir supprimer le bureau arabe et rétablir l'emploi d'agha qu'il confia au lieutenant-colonel Marey (1). Le nouvel agha, assis à la turque et armé d'une longue pipe, tint ses audiences à Alger et remplaça, à lui seul, les officiers qui, auparavant, parcouraient les tribus, en voyant les choses par eux-mêmes. Mais le 22 avril 1837, le général Damrémont abolit définitivement les fonctions d'agha et rétablit la direction des affaires arabes. En 1839, sous le maréchal Valée, nouvelle suppression de cette direction qui fut remise à l'état-major général. Enfin le général Bugeaud, par un arrêté du 17 août 1841, reconstitua la direction des affaires arabes, et, par un autre arrêté du 12 février 1844, donna aux bureaux arabes leur organisation définitive, régla leurs attributions et fixa leur service. Les indigènes continuèrent à être administrés, comme sous le régime turc, par des caïds ayant au-dessous d'eux des cheïkhs et au-dessus des aghas, bach-aghas et khalifas.

Composé, au début, d'hommes choisis, le bureau arabe fut l'auxiliaire le plus précieux du commandement. Les officiers qui embrassèrent cette carrière ne parvinrent au grade de chef de bureau qu'après une longue initiation auprès de maîtres expérimentés et, ainsi, se forma un personnel excellent. Quand

(1) Arrêté des 18-28 novembre 1834.

on avait obtenu la soumission d'un groupe de tribus et que l'on occupait un nouveau poste, un bureau y était installé. Il avait sous ses ordres directs les caïds et cheikhs, intermédiaires entre l'administration et les indigènes. La direction politique et administrative, la police, la justice sommaire, la rentrée des impôts et contributions de guerre, la conduite des *goums*, auxiliaires de nos colonnes, tels étaient les soins multiples qui incombaient aux officiers des affaires arabes. Souvent, un bureau de subdivision, se trouvant trop éloigné de tribus importantes, se dédoublait en formant une ou plusieurs annexes, et, alors, un officier allait, avec quelques spahis, s'établir au milieu de populations à peine soumises, dans un petit poste éloigné quelquefois de plusieurs journées de marche de tout centre européen.

Les résultats qu'obtinrent certains officiers par leur énergie, leur habileté et leur esprit de justice furent souvent remarquables. Quelques noms sont restés comme légendaires, plus encore chez les indigènes que chez les Européens. Ayant leur existence constamment menacée, sans avoir aucun secours à attendre, on vit ces hommes faire tomber les armes des mains des assassins, en marchant audacieusement à eux, et, en peu de temps, établir et faire respecter notre autorité, obtenir de tous l'obéissance à nos ordres et ramener une sécurité depuis longtemps inconnue. Une sévérité implacable, une grande rapidité de conception et d'exécution et une justice constante, tels furent leurs procédés ; et nous n'hésitons pas à déclarer que ce sont les seuls moyens d'administrer les indigènes de l'Algérie. Honneur à ces hommes qui surent, dès les premiers jours, frapper l'esprit des indigènes et les dominer en leur démontrant notre supériorité !

Malheureusement les meilleures institutions se transforment, et plus les pouvoirs donnés à des hommes sont étendus, plus il est à craindre qu'il n'en abusent ; car il faut une grande élévation d'esprit pour résister aux tentations qui naissent de l'exercice d'une puissance sans bornes, loin de tout contrôle. Le bureau arabe n'échappa pas à cette fatalité.

Une ordonnance du 15 avril 1845 avait partagé l'Algérie en trois divisions militaires ; le pays avait, en outre, été fractionné en territoires civils, mixtes et arabes. La République de 1848 déclara, dans sa constitution, l'Algérie territoire français, afin de la faire passer du régime des ordonnances à celui des lois discutées par le Parlement. Elle créa les préfectures d'Alger, d'Oran et de Constantine, formant ainsi trois départements dans les anciennes divisions qui furent partagées en territoires civils, administrés par les préfets, sous-préfets, commissaires civils et maires, et en territoires militaires, administrés par les généraux de division ayant sous leurs ordres des chefs de subdivision, de cercle et d'annexe, et tous les chefs indigènes. Le gouverneur général resta investi de la haute direction du pays qui continua à ressortir au ministère de la guerre (1). Un conseil du gouvernement fut placé près du gouverneur. Enfin les Algériens élirent trois députés.

Ainsi s'établit, entre l'autorité militaire et l'autorité civile, un dualisme qui devait être fertile en conflits. Et cependant, il était difficile d'éviter cet écueil. Du reste, la chute de la République et l'établissement de l'Empire eurent bientôt pour conséquence de rendre à l'élément militaire toute sa prépondérance, en restreignant les libertés civiles que le gouvernement de 1848 avait octroyées. L'Algérie ayant été choisie comme lieu de déportation politique, il fallait donner la toute-puissance à la force militaire ; du reste, le rôle de l'armée devait encore être prépondérant, puisque la conquête n'était même pas terminée. L'occupation, la mise en valeur du pays, n'en continuèrent pas moins leur marche progressive. Les cultures s'étendirent et la population se forma, se constitua peu à peu.

Pendant que le pays subissait ce commencement de transformation, le bureau arabe devenait une véritable puissance. Comme la pacification s'accentuait tous les jours, les officiers, n'étant plus tenus en haleine par une lutte de chaque heure, se laissaient quelque peu amollir. Dans les postes avancés,

(1) Arrêtés des 5-21 mai 1848 et du 9 décembre 1848.

qu'ils s'appelassent Ammi-Moussa, Drâ-el-Mizan ou El Milïa, le service était toujours dangereux et pénible ; mais, dans les villes, là justement où l'on était en vue de la population civile, on en prenait plus à son aise. Les chasses, les galopades, une sorte de faste oriental, trop souvent une morgue méprisante, excitaient les murmures des colons et provoquaient l'envie des officiers de troupe. Le chef du bureau arabe vivait au milieu d'une véritable cour ; les plus grands chefs arabes passaient prendre le mot d'ordre auprès de lui, avant de se présenter au commandant supérieur, et, quand il sortait dans la rue, la tourbe des Bédouins se précipitait pour baiser sa cuisse ou le pan de son vêtement, et les chaouchs, ses gardes du corps, écartaient la populace à grands coups de bâton. C'était bien lui le vrai commandant supérieur, et ceux qui prétendaient s'adresser d'abord à l'autre savaient ce qu'il en coûtait. A l'époque du versement de l'impôt, des mulets chargés de douros venaient déposer leur précieuse marchandise dans la cour du bureau. Personne ne savait au juste ce qui se passait dans cette maison pleine de mystère, et les commentaires allaient leur train.

Le bureau arabe fit son possible pour qu'aucun œil indiscret ne pût jeter de regards dans ses affaires. Il s'appliqua, avec le plus grand soin, à tenir les indigènes en chartre privée, si l'on peut employer cette expression, et à élever un mur entre eux et le reste du monde. C'était sa chose dont personne n'avait le droit de s'occuper. Les colons que leurs affaires appelaient au bureau arabe obtenaient, quelquefois, rapide et bonne justice, mais à la condition de laisser faire, car, s'ils voulaient agir par eux-mêmes, mal leur en prenait; et l'on se rappelle la menace de cet officier à un négociant qui avait obtenu un jugement contre un caïd et voulait le faire exécuter : « Si quelqu'un, huissier ou gendarme, s'avise de pénétrer dans les tribus, je le fais enlever par mes spahis ! »

En 1857, l'affaire Doineau, éclatant comme un coup de foudre, vint donner raison aux racontars qui commençaient à avoir cours. La parole de Jules Favre, dévoilant les scandales de Tlemcen, trouva dans la population un vivant écho. On oublia les services rendus, pour ne voir dans l'institution des bureaux arabes qu'un monument de corruption. Comme toujours, l'opinion publique alla trop loin et fut injuste. On insulta tout un corps sans faire d'exception, en oubliant que les choses humaines ne sont pas parfaites et qu'un fait isolé ne suffit pas pour établir une règle générale, malgré l'axiome *ab uno disce omnes*.

L'agitation qui résulta de cet évènement eut pour conséquence d'ouvrir la discussion sur les questions algériennes. Dans la presse, dans des ouvrages d'actualité, on proposa des réformes et l'on formula des programmes. On demanda :

L'assimilation politique ;

Le régime civil ;

Le cantonnement des Arabes ;

La vente des terres ;

La concession de voies ferrées ;

La réforme douanière ;

Et l'organisation du crédit agricole (1).

On le voit, ces questions ne datent pas d'aujourd'hui. La presse métropolitaine s'en occupa, et il en résulta, à la fin de l'année 1858, la création du ministère de l'Algérie et des colonies, à la tête duquel le prince Napoléon fut placé (2). Le gouvernement général fut supprimé. Un commandant supérieur des forces de terre et de mer, n'ayant que des attributions militaires, le remplaça (3).

Le prince ne visita pas sa vice-royauté, mais il prit, en quelques mois, un grand nombre de mesures, dont la plupart avaient le défaut d'être mal étudiées ou prématurées. Les transitions ne furent pas ménagées ; on démolit beaucoup, ce qui est d'une simplicité enfantine, mais on reconstruisit peu ou mal. Les réformes tendaient toutes à la diminution du domaine et de l'autorité militaires. Le

---

(1) Voir l'*Algérie, ce qu'elle est, ce qu'elle doit être*, par C. Duvernois, 1858, p. 385.

(2) Décret des 24 juin-9 août.

(3) Décret des 31 août-21 sept.

territoire civil fut démesurément augmenté. Les départements algériens furent dotés de conseils généraux non élus. On commença l'opération du cantonnement qui consistait à attribuer aux tribus un territoire suffisant, en gardant pour la colonisation tout le superflu ou en procédant par voie d'échange (1), excellente mesure, depuis longtemps préparée (2), qui était le premier pas vers la constitution de la propriété individuelle. Enfin on institua les bureaux arabes départementaux ou civils, que l'on forma comme l'on put et qui remplacèrent, dans un certain nombre de localités, les bureaux militaires.

Sur ces entrefaites éclata la guerre d'Italie. Le prince Napoléon abandonna son ministère et tous ses projets, pour prendre le commandement d'un corps d'armée. Il fut remplacé par M. de Chasseloup-Laubat, homme éminent, mais qui eut le tort d'arriver dans un moment inopportun. Bientôt les troupes d'Afrique rentrèrent chargées de lauriers et l'attention publique fut complètement détournée de l'Algérie. Puis, l'empereur vint faire son premier voyage à Alger. Il fut reçu par ces militaires qui avaient été ses compagnons d'armes en Italie et dont plusieurs étaient d'anciens officiers des bu-

---

(1) V. Circulaires des 20 mai 1858, 7 septembre 1859, 12 et 20 mai 1860.

(2) Circ. du ministre de la guerre du 17 mai 1854.

reaux arabes. On eut soin de l'entourer et de ne lui montrer que des indigènes ; on lui offrit, dans la plaine, une grande fête arabe, et son esprit rêveur et blasé fut séduit par un spectacle si nouveau, tandis que sa vanité était flattée par ces compliments à brûle-pourpoint que la phraséologie orientale sait faire accepter en les entourant des fleurs d'une rhétorique surannée, que les gens haut placés trouvent, paraît-il, charmants.

Dès lors, le régime civil fut coulé, d'autant plus qu'on étala, avec complaisance, au maître, les fautes commises par un personnel qu'on avait créé de toutes pièces et qui était détestable. Le bureau arabe civil n'avait été que la caricature de l'autre. Tous les abus des bureaux militaires s'étaient reproduits, aggravés par des agents qui, en général, ne savaient faire autre chose que de copier les défauts de ceux qu'ils remplaçaient, sans prendre une seule de leurs qualités. A cela s'ajoutaient les inconvénients de la centralisation des affaires à Paris, entraînant des retards considérables. Une brochure anonyme (1), qui eut un certain retentissement, permit de juger à quel but tendaient les ennemis de la colonisation.

Cependant les Algériens, voyant les tendances du gouvernement, essayèrent de les combattre. Un groupe de jeunes gens pleins d'ardeur, et dont plu-

---

(1) *Immigrants et Indigènes*. Ce pamphlet, très-habilement rédigé, concluait à la liquidation de la colonisation.

sieurs ne manquaient pas de talent, luttèrent avec énergie dans la presse et soutinrent leurs opinions sur tous les terrains. Mais leur voix ne parvenait pas en France. Cette agitation algérienne ne franchissait pas la mer, et, à Paris, les idées avaient pris un autre cours.

Bientôt le ministère de l'Algérie fut supprimé et le gouvernement militaire se trouva rétabli plus fort et plus solide que jamais (1). Le maréchal Pélissier fut nommé gouverneur, correspondant avec le ministre de la guerre, non plus son chef, mais son intermédiaire auprès du gouvernement. Les territoires civils furent réduits à leur plus simple expression ; les bureaux arabes départementaux s'évanouirent ; les journaux écrasés de condamnations sombrèrent. Les bureaux arabes militaires eurent une heure de triomphe.

Mais, ce n'était encore qu'un prélude. Un beau jour le courrier de France apporta une lettre-programme adressée par l'empereur au maréchal. Après quelques considérations, puisées dans la brochure dont nous avons parlé, sur le peu d'avenir de la colonisation, Napoléon III disait : «.... L'Algérie n'est pas une colonie proprement dite, mais un royaume arabe (2) ». Un tolle général accueillit en Afrique l'exposition de ces principes. Comment ! —

(1) Décret du 10 décembre 1860.
(2) Lettre du 6 février 1863.

s'écriaient les colons, — nous luttons depuis des années contre les éléments et contre les hommes ; nous avons sacrifié nos ressources, joué notre vie, perdu nos parents, pour mettre en valeur ce pays, et l'on nous récompense en parlant de nous en expulser pour en faire « un royaume arabe et un camp français ! » Des pétitions furent signées partout en guise de protestations et des délégués partirent pour Paris afin de porter les doléances de la population. Mais les délégués ne purent même pas obtenir une audience, et l'empereur continua son œuvre.

Enfin parut le sénatus-consulte des 22 avril-8 mai 1863 qui reconnut les indigènes propriétaires du sol qu'ils occupaient à titre de simples usufruitiers. L'article premier commence ainsi : « Les tribus de l'Algérie sont reconnues propriétaires des territoires dont elles ont la jouissance permanente et traditionnelle, à quelque titre que ce soit ». Il va sans dire que l'opération du cantonnement était arrêtée depuis longtemps. Des commissions, formées d'officiers des bureaux arabes assistés de géomètres, procédèrent aussitôt à la reconnaissance des territoires des tribus, travail colossal qui aurait pu être utile, s'il avait été accompagné ou suivi de la constitution de la propriété individuelle. En somme, cette mesure, qui avait pour but de soustraire les terres à la colonisation, ne profita pas aux indigènes, en tant qu'individualités, puisque l'indivision entre tous les membres de la tribu fut maintenue.

Pendant que l'autorité militaire était occupée de ces soins, les fils de notre bach-agha Si Hamza (1) levaient l'étendard de la révolte dans le Sud de la province d'Oran, entraînant à leur suite la puissante tribu saharienne des Oulad-Sidi-Cheïkh. Le colonel Beauprêtre ayant marché contre les rebelles à la tête d'une très-petite colonne de troupes régulières appuyée par les goums, était lâchement abandonné par ses auxiliaires arabes et périssait, avec toute sa troupe, les armes à la main, à Taguin, dans le Djebel-Amour. En quelques jours la révolte s'étendit à toutes les tribus sahariennes des provinces d'Oran et d'Alger, et les rebelles vinrent commettre des dévastations, à l'Ouest, jusqu'à quelques lieues de Sidi-Bel-Abbès, et, à l'Est, jusque dans le Hodna, près d'Aumale. Presque en même temps, la Kabilie prenait les armes à la voix de fanatiques poussés par la famille Ben Azz-ed-Dine et le cheïkh Bou Aokkaz, du Ferdjioua.

Nos meilleurs soldats étaient alors au Mexique ; ou dut faire venir, en hâte, des troupes de France, et si l'on put préserver nos établissements, il fallut plus d'une année pour réduire les rebelles, et encore ne le furent-ils pas complètement, puisque,

---

(1) Si Hamza était mort, quelque temps auparavant, à Alger.

jusqu'à ce jour, une grande partie des Oulad-Sidi-Cheikh n'a pas fait sa soumission.

L'autorité militaire jouait de malheur et l'on dit que le chagrin qu'en ressentit le maréchal Pélissier hâta sa mort. Il fut remplacé par le maréchal de Mac-Mahon que les Algériens connaissaient depuis longtemps et qu'ils accueillirent presque comme un libérateur. Ils s'aperçurent bientôt que rien n'était changé en Algérie et que le même esprit gouvernait.

Mais des choses autrement graves ne tardèrent pas à réclamer l'attention de tous. Au printemps de l'année 1866, une invasion considérable de sauterelles se répandit dans les hauts-plateaux d'où elle gagna peu à peu le Tel et détruisit tous les fruits d'une récolte déjà mauvaise. Une épidémie cholérique suivit le passage des sauterelles. L'année suivante fut d'une sécheresse désolante ; l'herbe ne poussa pas et les récoltes, brûlées sur pied, n'arrivèrent pas à maturité. Dès le mois de septembre, les indigènes se trouvèrent dans la détresse, car toutes leurs ressources étaient épuisées. Les colons, fort éprouvés eux-mêmes, se préoccupèrent de cette situation, et la presse se fit l'écho de leurs craintes ; on annonça la disette pour l'hiver. Mais l'autorité militaire n'entendait pas qu'on pût prédire de telles choses ; elle semblait avoir pris à forfait le soin de fournir le bonheur aux Arabes, et il n'était pas plus permis de lui donner un conseil que d'émettre des doutes sur sa sagesse. Un journal d'Alger fut condamné sévèrement pour avoir répandu « de mauvaise foi des propos de nature à inquiéter ». Après cette exécution, on attendit, sans rien faire, au gouvernement général, en répétant, sans doute, cette formule musulmane : Dieu y pourvoira !

Cependant, quand arriva le mois de décembre, les bestiaux des Arabes étaient vendus depuis longtemps ou morts de misère ; l'hiver était froid et pluvieux et les indigènes n'avaient plus rien à se mettre sous la dent. Après avoir supporté, dans la limite du possible, les tortures de la faim, ils commencèrent à se porter vers les villes européennes pour y chercher des secours. Bientôt, l'horrible famine régna dans ces territoires que l'on avait préservés avec tant de soins du contact des Français. On avait prétendu enrichir les indigènes et on ne leur avait laissé que la faculté de périr d'une mort affreuse. Ces terres que l'on avait soustraites à la colonisation ne leur étaient d'aucune utilité, puisqu'elles étaient demeurées propriétés collectives : étant à tous, elles n'appartenaient à personne, et leur richesse ne pouvait leur procurer une miette de pain.

Autour des villes et dans les pays occupés par nous, il y avait de la gêne, mais les Arabes ne mouraient pas de faim ; les relations avec les Européens leur avaient procuré du crédit et du travail, et l'on vivait. Les indigènes du territoire militaire se jetèrent sur ces contrées fortunées. Quiconque a vu ce spectacle navrant ne l'oubliera jamais. Ces malheureux, haves, d'une maigreur étique, couverts à peine de quelques loques informes, car ils avaient depuis longtemps vendu leurs burnous pour avoir du pain, arrivaient par bandes, semant des cadavres le long des routes, confondus dans leur misère, car la notion de la famille avait disparu ; on s'était mis en route ensemble, mais, peu à peu, les plus faibles étaient tombés ou restés en arrière et l'on ne s'était pas même retourné ; chacun marchait muet et isolé dans ces bandes. En pénétrant dans nos villes ils se jetaient sur les détritus les plus immondes, et, chose affreuse, quand on leur donnait du pain, sur lequel ils se précipitaient avidement, on les voyait, quelques minutes après, chanceler et tomber pour ne plus se relever : l'instrument de leur salut causait leur trépas.

La charité de la population européenne fut inépuisable et arracha à la mort un grand nombre d'affamés ; l'Administration prit aussi des mesures, organisa des chantiers et des dépôts, car il fallait non-seulement secourir ces malheureux, mais encore en débarrasser les villes qu'ils encombraient. Le désastre fut épouvantable ; des faits inouïs se produisirent : l'on vit, en plusieurs localités, des

Arabes assassiner des gens isolés, des enfants, pour les manger. Les actes d'anthropophagie ayant donné lieu à des poursuites judiciaires, furent relevés notamment aux environs de Tebessa et de Tenès; mais on ne les connut et on ne les poursuivit pas tous.

Le pays était, depuis quelque temps déjà, le théâtre de ce drame digne d'un autre âge, et c'est à peine si la nouvelle commençait à en parvenir en France, par les correspondances particulières, car la presse ne pouvait parler, lorsque l'archevêque d'Alger dévoila, dans une lettre restée célèbre, toute l'étendue du mal. Aussitôt des comités se formèrent, des souscriptions abondantes furent versées dans toute l'Europe et les secours matériels arrivèrent enfin. On était au printemps de l'année 1868; les herbes avaient poussé et commençaient à fournir une nourriture, bien précaire il est vrai, aux bêtes et aux gens qui survivaient ; le soleil faisait sentir sa chaleur et les besoins devenaient moins grands, d'autant plus que la mort, en accomplissant son œuvre, avait diminué le nombre des affamés. Les secours parvinrent donc bien tard. De plus, avec la chaleur se développèrent des miasmes délétères, et le typhus et le choléra, tristes compagnons des guerres et des famines, sévirent chez les Européens comme chez les indigènes.

A quel chiffre s'éleva le nombre des victimes de

la famine et des épidémies ? Nul ne peut le dire. On l'estima à cinq cent mille personnes, approximativement, car il fut impossible de faire un recensement immédiat ; il est certain que, dans plusieurs contrées, des tribus entières disparurent. Peu à peu, quelques revenants rentrèrent ; mais le chiffre des manquants fut considérable. Un grand nombre d'enfants furent recueillis par les Européens ; il en mourut la plus grande partie. Quelques-uns furent reconnus et réclamés, plus tard, par leurs parents ; mais les autres, incapables de faire connaître leur lieu d'origine, restèrent avec nous et sont actuellement mêlés dans la population. L'archevêque d'Alger fonda un orphelinat d'enfants indigènes des deux sexes non réclamés. Plus tard il les baptisa, puis les maria et les établit au village de Saint-Cyprien-des-Attafs, entre Miliana et Orléansville. On dit que cet essai est loin d'avoir été couronné d'un grand succès.

L'effet produit par cet évènement lamentable fut immense. Les attaques contre l'administration militaire qui n'avait su ni prévoir cette calamité, ni y remédier, redoublèrent et trouvèrent de l'écho en France. Les Chambres s'en occupèrent et il fut décidé qu'une grande enquête serait faite, sur place, par M. le comte Le Hòn, député. En 1869, la commission d'enquête parcourut le pays, s'arrêtant dans les localités importantes et recueillant tous les témoignages. Un très-remarquable rapport, fait par M. Le Hon, fut déposé au Corps Législatif dans les premiers jours de 1870. Il donna lieu à une sérieuse discussion qui occupa les séances des 13 et 14 avril, et se termina par un vote presque unanime de cette Chambre, décidant que le régime militaire avait vécu en Algérie et que l'administration civile devait lui être substituée. Ce vote, auquel s'associa un ancien officier des affaires arabes (1), fut accueilli avec transport en Afrique.

Mais, quelques mois après, éclatait la fatale guerre de 1870, et, bientôt, nos désastres ne nous laissèrent plus le loisir de penser à autre chose qu'à la défense de la patrie. Dans cette triste circonstance, l'Algérie donna un bel exemple de son attachement à la France. Un grand nombre de jeunes gens, exempts de droit du service militaire, partirent dans des corps francs, et, s'ils ne rendirent pas de plus grands services, il faut s'en prendre aux inconvénients de ce genre de troupes, dont on avait tant exagéré les avantages sous l'Empire. Plusieurs se firent bravement tuer ou blesser sur la Loire ou à Dijon et il faut convenir qu'on a été avare de récompenses pour les survivants. Les offrandes matérielles abondèrent; partout, des comités se formèrent dans le but de faciliter l'œuvre de la défense nationale. Enfin, les Algériens, ou-

(1) M. le baron Jérôme David.

bliant leur sécurité personnelle, ne cessèrent de conjurer le gouvernement de ne pas laisser un soldat en Afrique, se faisant forts de pourvoir eux-mêmes à leur défense. Et quand les délégués, envoyés par le Midi, pour entraîner l'Algérie dans cette monstruosité qu'ils appelèrent leur ligue, se présentèrent, on les renvoya sans vouloir les entendre.

La chute de l'Empire fut accueillie par les Algériens avec une vive satisfaction ; car, non-seulement ils sont foncièrement républicains, mais on avouera qu'ils avaient de bonnes raisons pour ne pas aimer Napoléon III. Plusieurs d'entre eux, dont nous ne voulons pas suspecter le patriotisme, jugèrent que le moment était opportun et qu'il fallait profiter du désarroi général, pour faire appliquer toute une série, nous ne disons pas un plan, de réformes diverses. Ils eurent un agent auprès du gouvernement, et l'on vit paraître, dans le courant d'octobre 1870, une suite de décrets, signés par la délégation de Tours et édictant des mesures variées, dont la plupart donnaient satisfaction à des théories plus ou moins bizarres qui traînaient dans la presse algérienne depuis bien des années. L'Assemblée de 1871 annula le plus grand nombre de ces décrets ; d'autres ne furent jamais appliqués ; d'autres enfin furent conservés et parmi ceux-ci nous citerons l'établissement des Conseils généraux élus, la représentation politique et la naturalisation en bloc des israélites. La responsabilité de cette dernière mesure remonte, dit-on, à l'honorable M. Crémieux ; nous nous réservons de l'apprécier plus loin, dans le chapitre : *Population européenne et juive.*

Un autre décret de la même date (24 octobre 1870) divisa l'Algérie en trois départements entièrement civils, sous l'autorité d'un gouverneur général civil correspondant directement avec le pouvoir exécutif. Le gouverneur militaire avait disparu depuis longtemps et le pays était en proie à une effervescence ressemblant beaucoup à l'anarchie. Enfin, la délégation remit les pouvoirs entre les mains d'une personne qu'on décora du titre de commissaire extraordinaire. Le titulaire de cet emploi fut M. du Bouzet, alors préfet d'Oran, ancien professeur, journaliste de mérite, mais n'ayant peut-être pas les qualités nécessaires dans un pareil moment. Il échoua et fut remplacé par M. Lambert, ancien secrétaire de la mairie de Constantine, puis, successivement, sous-préfet et préfet depuis le 4 septembre. C'était un homme fort intelligent et passablement paradoxal. Il faisait partie d'un groupe qui, depuis quelques années, avait arboré le drapeau de l'assimilation. L'Algérie formant trois départements français, avec tous les rouages, toutes les institutions de la France, rien de plus : tel était leur progamme, et il faut convenir que c'était une manière de résoudre le problème sans grands frais d'imagination. En débarquant, M. Lambert lança aux Algériens une proclamation par laquelle il annonçait qu'il venait pour « liquider le gouvernement général ». En cela, il était fidèle à son programme ; mais la logique aurait dû lui faire comprendre qu'un tel langage était déplacé dans la bouche de celui qui venait s'installer dans le palais du gouverneur et que, si réellement cette fonction était inutile, il n'y avait qu'à la faire supprimer, au lieu de s'en administrer sinon le titre, au moins les avantages et les honneurs.

On était au mois de février 1871 ; la France venait de succomber dans la lutte. Les indigènes avaient assisté aux péripéties du drame, étonnés de nos défaites, et sans prendre parti. On avait poussé, dans la limite du possible, les enrôlements pour les Turcos. On avait essayé de former un corps d'éclaireurs à cheval, et l'on avait, à grand'peine, réuni quelques centaines de cavaliers. Chez eux, cependant, aucun symptôme d'hostilité ne se manifestait. Seuls, les chefs indigènes voyaient leur position menacée par les mesures législatives qui éclosaient chaque jour à Tours ou à Bordeaux. Déjà, à la suite du vote du Corps législatif, les grands chefs avaient adressé leur démission au gouverneur et ne l'avaient retirée que sur ses instances ; pour plusieurs d'entre eux, la chute de l'empereur les déliait de leur serment de fidélité. Les officiers des affaires arabes, fort irrités aussi des attaques dont ils étaient l'objet, ne faisaient rien, en général, pour calmer et remettre dans la bonne voie leurs auxiliaires, les caïds et les aghas.

Sur ces entrefaites, une zmala de spahis, établie sur la frontière tunisienne, se mutina parce qu'on voulait envoyer en France ces militaires, qui, selon les conditions de leur engagement, ne doivent, paraît-il, servir qu'en Afrique. Il y eut une petite révolte qu'on apaisa facilement avec l'aide de quelques mobiles. Peu après, nouvelle insurrection du côté d'El Milïa. La repression fut un peu plus difficile.

C'est alors que Mokrâni, bach-agha de la Medjana, qui, jusque-là, nous avait bien servis, se mit en état de révolte et envoya au général sa croix et son traitement, avec une véritable déclaration de guerre dans laquelle il proclamait que jamais il n'obéirait à un civil. Les mobiles, qui le poussèrent à cet acte, furent, assurément, de diverse nature, et nous ne pourrions discuter ici cette question sans entrer dans des développements qui nous mèneraient trop loin ; et puis ces faits sont encore trop modernes pour être discutés avec fruit. L'opinion publique accusa hautement les bureaux arabes d'avoir été les promoteurs de cette rébellion. Il est certain que l'autorité militaire commit de grandes fautes politiques, notamment en poussant à la réconciliation deux sofs, ou clans ennemis, qui conclurent la paix à nos dépens ; après la défection du bach-agha, elle manqua d'énergie et d'initiative, car on pouvait, avec quelques cavaliers déterminés, enlever ce chef avant que la révolte se fût propagée ; des officiers d'autrefois n'auraient pas manqué de le faire, ou, au moins, de l'essayer.

En quelques jours, la Kabilie fut en feu, et le mouvement s'étendit jusqu'à la région de Batna. Des colons des environs de cette ville furent massacrés, tandis que ceux de Palestro, après avoir en vain défendu leur village, succombaient sous le nombre de leurs ennemis. Dans d'autres points de la Kabilie, des massacres de colons eurent également lieu. Les insurgés entreprirent en même temps le siège régulier de Fort-National, de Dellis, de Tizi-Ouzzou, de Drâ-el-Mizan, de Beni-Mansour, de Bougie, de Djidjeli, de Bordj-bou-Aréridj, de Mila. Ils menacèrent Batna, Setif et Aumale, et ne tardèrent pas à marcher sur la Mitidja. Quelques soldats réunis à la hâte, les francs-tireurs et la milice d'Alger les arrêtèrent à l'Alma. L'Algérie se trouvait, à ce moment, dépourvue de troupes, et n'avait, pour toute garnison, que quelques mobiles et mobilisés de France, mal armés, mal vêtus et mal commandés ; les milices locales complétaient la force militaire. Et cependant, malgré la fureur avec laquelle les indigènes pressèrent les localités qu'ils assiégeaient, et dont plusieurs restèrent un mois sans secours et étroitement bloquées, ils ne purent se rendre maîtres d'un seul poste.

Le gouvernement était alors absorbé par une autre lutte, plus grave encore, celle contre la Commune. On put cependant envoyer en Afrique quelques régiments de marche. Les généraux Cérez et Lallemant, dans la province d'Alger, Saussier, dans celle de Constantine, attaquèrent de trois côtés le massif insurgé et obtinrent bientôt des soumissions. Tout à coup, on apprit que Mokrâni venait d'être tué en combattant la colonne Cérez, non loin d'Aumale. Cette fois, la révolte n'avait plus de chef. Il était temps, car l'agitation gagnait l'Ouest; au mois de juin, la tribu kabile des Beni-Menasser se mettait en état de révolte, venait attaquer sans succès le village de Vesoul-Benian, près de Miliana; puis, entraînant les tribus voisines, allait mettre le siège devant Cherchel et ravager sa banlieue.

Néanmoins la révolte ne tarda pas à être domptée. Le général de Lacroix, continuant l'œuvre si bien commencée, dans la province de Constantine, par le général Saussier, parcourut la région kabile, la contraignit à une soumission immédiate et effective, rejeta dans le Sud la famille du bach-agha et ses adhérents les plus compromis, les poursuivit, en plein été, dans le Sahara et finit par atteindre Bou-Mezrag-Mokrâni, devenu chef de l'insurrection après la mort de son frère. A la fin de juillet, la pacification était générale.

L'Algérie échappa ainsi à un danger des plus graves. En effet, si les indigènes s'étaient mis en révolte plus tôt, s'ils avaient su s'entendre et qu'ils eussent trouvé un chef sérieux, on aurait eu à déplorer de véritables désastres. Nous avons reçu là une leçon qui ne doit pas être perdue pour nous. Par bonheur, la profonde désunion des indigènes, leur manque absolu d'esprit d'organisation, firent encore une fois notre force.

Dans cette bagarre, le commissaire extraordinaire, qui devait liquider le gouvernement général, avait disparu. M. Thiers nomma à sa place, comme gouverneur général *civil*, le contre-amiral de Gueydou (1), marin énergique qui prit, avec décision, les mesures nécessitées par les circonstances. Les indigènes ayant participé à la révolte furent frappés d'une très-forte contribution de guerre, et leurs terres, formant une superficie de plus de deux millions d'hectares, furent séquestrées. De larges indemnités furent réparties entre les victimes par les soins de commissions.

Quand le calme fut rétabli, le nouveau gouverneur essaya l'application d'un système de colonisation dont nous parlerons plus loin et d'une nouvelle organisation administrative dans laquelle il remania

(1) Arrêté du 29 mars 1871.

les divisions des trois provinces, en augmentant considérablement les territoires civils. Il rétablit le Conseil supérieur ; plaça, à la tête des districts retirés à l'administration militaire, des employés civils munis de pouvoirs disciplinaires ; institua un corps de recenseurs chargés de dresser les rôles de l'impôt, et, en un mot, déploya une grande activité.

Mais M. Thiers ayant été renversé, le 26 mai, par la coalition monarchique, l'amiral tomba avec lui. Il fut remplacé par le général Chanzy, l'ex-commandant de l'armée de la Loire, l'ancien président du centre-gauche (1). La nomination du général républicain fut accueillie avec faveur en Afrique et l'on peut dire que le nouveau gouverneur, auquel le titre de civil avait été soigneusement conservé, arriva dans d'excellentes conditions. Mais, de même que, dans l'ordre naturel, la réaction suit l'action, l'enthousiasme des Algériens est de peu de durée et ne tarde pas à être remplacé par le sentiment contraire. La conduite politique du général civil, vraiment un peu ambiguë, comme son titre, commença à faire murmurer. On se rappela qu'il avait été officier des affaires arabes et l'on prétendit qu'il n'avait d'autre but que de rendre de beaux jours à cette institution. Cependant, le gouverneur, qui avait d'abord réduit dans de fortes

(1) Décret du 10 juin 1873.

proportions le territoire civil et retiré aux administrateurs les pouvoirs disciplinaires, créait des villages et rattachait par-ci, par-là, quelques tribus aux circonscriptions civiles. Doué d'une certaine souplesse de caractère, possédant à fond les secrets de la politique arabe, parlant avec la plus grande facilité, il avait, semblait-il, tout pour réussir. Et, cependant, il perdit chaque jour du terrain dans l'opinion publique. Quelques mesures, violentes et intempestives, achevèrent de détacher de lui un groupe important. Les journaux, qu'il avait voulu réduire au silence, se mirent après lui comme une meute et ne lui laissèrent plus une heure de repos, attaquant l'homme privé comme l'homme public. Cette situation fut aggravée par un conflit avec la représentation algérienne. Après les élections de 1879, le général Chanzy, dont la situation n'était plus tenable, se décida à se retirer.

Diverses mesures importantes ont été prises sous son administration. Nous avons dit qu'après avoir réduit le périmètre du territoire civil, tel qu'il avait été délimité par M. de Gueydon, il rattacha successivement un certain nombre de tribus au territoire qu'il appela de droit commun, tandis que l'autre fut dit de commandement. Le séquestre collectif, avons-nous vu, avait été apposé sur environ deux millions d'hectares de terres ; puis les rebelles s'étaient soumis et avaient acquitté leurs amendes ; on ne pouvait en réalité les expulser du pays ni les mettre dans l'impossibilité d'y vivre. Le général institua des commissions qui furent chargées de se rendre sur place ; de tailler, dans les parties séquestrées, l'emplacement de villages avec un périmètre suffisant, autour, et de conclure, avec les indigènes, des conventions par lesquelles ils rachèteraient le surplus de leurs terres. Cette mesure a été vivement critiquée, et, cependant, il fallait bien trouver, pour les révoltés, un *modus vivendi ;* elle rapporta au Trésor une somme importante et l'on conserva, pour la colonisation, environ quatre cent cinquante mille hectares.

Enfin, il fit commencer l'application de la loi du 23 juillet 1873 sur la propriété, importante mesure, de laquelle on attend de grands résultats. Mais on comprend que la constitution de la propriété individuelle chez un peuple n'est pas une petite entreprise et doit demander du temps. La loi, du reste, était obscure, et il a fallu trouver, par l'expérience, la procédure à suivre ; il a fallu aussi se procurer des agents aptes à ce travail. Mais l'opinion publique n'entre pas dans ces considérations ; elle trouva qu'on n'allait pas assez vite et n'hésita pas à qualifier ces lenteurs de calculées.

Pendant le gouvernement du général Chanzy, au mois de mai 1876, une révolte éclata dans l'oasis d'El Amri, non loin de Biskra. Des forces ayant été rapidement dirigées sur les lieux, le mouvement demeura localisé et, bientôt, les rebelles se virent contraints à la soumission.

M. Albert Grévy, vice-président de la Chambre des députés, a recueilli l'héritage du général. Premier gouverneur réellement civil, il a accepté la mission d'inaugurer le régime civil en Algérie. Dès son arrivée, il s'est appliqué à l'étude des voies et moyens à employer pour arriver à cette transformation. Il vient de faire connaître son programme que nous examinerons dans un chapitre spécial.

A peine avait-il pris possession de son poste, qu'un mouvement insurrectionnel se produisit dans l'Aourès (mai 1879). De même qu'en 1876, cette petite révolte n'a pas eu le temps de se propager et a été promptement écrasée par nos braves soldats. Il ne faut donc voir, dans cet évènement, qu'une simple coïncidence, un de ces faits, pour ainsi dire normaux, étant données les habitudes des indigènes et les conditions dans lesquelles se trouve le pays. Nous verrons probablement encore de ces échauffourées qui ne sont pas à craindre, comme conséquences, tant que nous ne serons pas occupés ailleurs et que nos troupes se trouveront disponibles.

CHAPITRE III

LA COLONISATION

Dès les premiers jours de la conquête, malgré l'absence de plan chez nos gouvernants, le problème de la colonisation s'imposa. Aux portes d'Alger, des terres étaient abandonnées ; il se présenta des colons pour les mettre en valeur, et les premières cultures furent entreprises sous la protection de nos baïonnettes et avec l'aide de nos soldats. Quelques grandes concessions furent données, notamment le beau domaine de la Regaïa, comprenant cinq fermes, avec les prairies du Hamiz, dont on fit cadeau à un réfugié polonais, prince ruiné, qui ne sut en tirer parti. Peu à peu les colons s'avancèrent dans la Mitidja, et nous avons vu que, lors de la levée de boucliers de 1840, ces hardis pionniers furent forcés d'abandonner leurs fermes pour se réfugier à Alger, et que ceux qui s'attardèrent furent impitoyablement massacrés.

Ces premiers essais ne furent pas heureux. On songea, alors, à établir des colonies militaires, comme celles de nos devanciers les Romains. On pensait, avec raison, que les soldats formeraient une solide barrière contre les déprédations et les attaques des indigènes, qu'ils s'attacheraient à leurs champs et resteraient dans le village à l'expiration de leur congé. Un arrêt du maréchal Valée (1) fonda, à Coléa, la première colonie militaire composée de trois cents soldats qui reçurent chacun quelques hectares et un emplacement à bâtir dans le centre. Différentes conditions leur étaient imposées pour qu'ils devinssent propriétaires définitifs de leurs concessions. Ce système, qui fut repris avec faveur par le maréchal Bugeaud et appliqué dans différentes localités, ne donna pas de résultats satisfaisants ; car les soldats rentrèrent presque tous chez eux, abandonnant leur propriété éventuelle. Néanmoins, il permit d'étendre la zone de colonisation en procurant aux véritables cultivateurs un peu de sécurité.

Les premières concessions accordées aux civils ayant donné lieu à des spéculations, ce qui était inévitable, le gouvernement général s'appliqua à réglementer le régime des distributions de terres, dans le but d'empêcher le trafic des gens qui ne cherchaient nullement à coloniser. On imposa au concessionnaire des clauses dites résolutoires, se résumant, à peu près, à ceci : 1° construire une maison d'exploitation en rapport avec l'étendue de son terrain ; 2° planter un certain nombre d'arbres par

---

(1) Du 1er octobre 1840.

hectare; 3° défricher et mettre en valeur ses terres; 4° les entourer d'un fossé ou d'une haie. Pour en assurer l'exécution, on ne délivra au colon qu'un titre provisoire (1). Des inspecteurs, dits de colonisation, vérifiaient, après un temps donné, l'état de la concession, et, si les conditions avaient été remplies, le concessionnaire recevait un titre définitif; sinon, il était ajourné ou évincé.

On saisit facilement les inconvénients d'un tel système. Ces entraves, cette instabilité ne pouvaient que paralyser l'initiative individuelle et en arrêter les féconds effets. Cependant, de courageux colons se mirent à l'œuvre et fondèrent les villages de la banlieue d'Alger et de la plaine. Les difficultés étaient grandes, bien que la terre fût riche; mais elle était couverte de palmiers-nains qu'il fallait extirper; et puis, on avait non-seulement à lutter contre les pillards indigènes, mais contre un ennemi plus terrible : la fièvre. Beaucoup de villages, actuellement ombragés, sains, paisibles, étaient entourés de marais aux exhalaisons délétères et dévorèrent leur population renouvelée successivement trois fois. Il en fut de même aux environs de Bône et de Philippeville, aussi bien que dans la province d'Oran.

Nous avons vu que le gouvernement républicain,

---

(1) Arrêté du 4 mai 1841; ordonnance des 21 juillet-1er septembre 1845; ord. des 5 juin-1er juillet 1847.

en 1848, s'occupa avec sympathie de l'Algérie. La terrible révolution de juin, en lui imposant la nécessité de fournir du pain à un grand nombre d'ouvriers inoccupés, le poussa à les utiliser pour la colonisation de ce pays. Un décret de l'Assemblée nationale des 19 septembre-3 octobre 1848, affecta à cette entreprise un crédit de cinquante millions et décida que des lots de terre seraient accordés aux colons, sous les conditions générales du régime des concessions. Un arrêt ministériel régla les détails d'application. On donna aux colons :

Une maison dans le village à peupler ;

Un lot de 2 à 12 hectares par famille ;

Les semences et les instruments de culture ;

Et, enfin, des vivres et des secours en argent, jusqu'à ce que les terres fussent « mises en valeur ».

A cela on ajouta des prêts de bestiaux. Les ouvriers d'art furent particulièrement avantagés. Douze mille colons devaient être installés dans ces conditions en 1848, mais ce chiffre fut même dépassé ; il atteignit 13.500 personnes la première année, et, en 1850, il s'élevait à 20.000 (1). On les répartit entre quarante-deux localités dans les trois provinces.

Cette entreprise, qui rappelle l'essai de colonisa-

(1) *Histoire de la colonisation en Algérie*, par L. de Baudicour, chap. v, pp. 274 et suiv.

tion de la Guyane par le duc de Choiseul, aboutit à un échec qui, heureusement, ne fut pas un désastre. Cet insuccès fut dû à des causes multiples dont nous nous bornerons à indiquer les principales : le personnel, composé presque uniquement d'ouvriers de grandes villes, était le moins possible apte au but auquel on le destinait ; enfin les concessions étaient trop petites. D'autre part, les avantages faits aux colons n'eurent que ce résultat de leur donner l'habitude de vivre sans rien faire, ce qui prouve une fois de plus que l'homme ne profite que de ce qu'il a gagné à la sueur de son front. Quand les secours furent coupés, ils disparurent. Rien de curieux comme le rapport de M. L. Reybaud, membre de la commission envoyée en 1849 par l'Assemblée nationale, pour examiner, sur place, la situation des colons. Les faits relevés par le spirituel rapporteur sont caractéristiques et méritent de fixer l'attention du moraliste comme de l'économiste. Ces braves gens qui, dans les clubs de Paris, faisaient du communisme montrèrent combien il y a loin de la théorie à l'application.

Cependant, tous les centres fondés sont devenus des villages dont plusieurs se trouvent actuellement en pleine prospérité ; il est vrai que trente ans se sont écoulés et que bien des transformations se sont opérées depuis. L'échec n'a donc pas été absolu. Partout il resta un noyau de colons qui ajoutèrent à leurs concessions les champs de ceux qui avaient disparu et auxquels vinrent s'adjoindre de véritables cultivateurs.

Quand il fut bien prouvé que le colon soldé et entretenu ne donnait pas les résultats attendus, on en revint au système ordinaire des concessions et l'on distribua des terres aux environs des centres nouvellement occupés dans l'intérieur; la superficie attribuée à chaque famille fut portée à une moyenne de vingt-cinq hectares (vers 1855). En outre, des traités furent passés avec des sociétés de capitalistes auxquels on accorda de vastes périmètres à la condition d'y créer des villages. La société genevoise, l'une d'elles, établie aux environs de Setif, fut une des premières tentatives de colonisation anonyme réalisée en Algérie, si l'on en excepte, toutefois, les entreprises des communautés religieuses, dont l'une, celle des Trappistes de Staouéli, a été couronnée d'un grand succès.

A partir de 1850, la colonisation prit un réel essor. En un grand nombre de localités, le pays fut réellement transformé. Malheureusement les cultivateurs étaient obligés de chercher leur voie et perdaient un temps précieux en fausses manœuvres. Les uns arrivaient de leur pays avec des idées préconçues, ce qui est fort mauvais en général, mais surtout en matière de culture, et ne connaissaient que les procédés routiniers de leurs aïeux ; les autres, pleins d'illusions, croyaient que leurs terres étaient destinées à les enrichir par des productions exotiques ou inconnues. Des utopistes, que l'Administration soutint trop souvent, lançaient telle plante, tel arbre, dont ils célébraient, avec pompe, les avantages : on s'engouait pour cette nouveauté, on se disputait les graines et les plans et ce n'était qu'après plusieurs années d'efforts qu'on se convainquait de son illusion. Perte matérielle, découragement, telles étaient les fruits de ces prétendues découvertes ; ce fut la cause de bien des échecs. Il s'agissait non-seulement de travailler courageusement et d'avoir des avances permettant d'attendre ; il fallait encore trouver la manière de procéder propre au pays, et ce procédé devait être variable, selon la nature très-diverse des localités.

Après la réaction qui fut la conséquence du voyage de l'empereur, c'est-à-dire à partir de 1860, et pendant la tentative folle de création d'un royaume arabe en Algérie, il ne se donna plus de concessions aux particuliers. Le sénatus-consulte de 1863, en attribuant toutes les terres aux indigènes, dépouilla le patrimoine de la colonisation. Il ne resta que les terres domaniales, dont la superficie n'était un peu considérable que dans les *azels* (réserves) de la province de Constantine. Néanmoins, le pays continua à progresser, lentement, il est vrai, mais régulièrement, et rien n'indiqua que la liquidation annoncée fût proche. Le gouvernement impérial, comme s'il revenait sur les erreurs de son programme, avait conclu, avec une société financière, qui prit le nom de Société générale algérienne, un traité par lequel il lui concédait cent mille hectares, à charge, par elle, de mettre ces terres en valeur et de fournir, en plusieurs annuités, une somme de cent millions pour les travaux publics. Elle était, en outre, autorisée à faire les opérations de banque. On avait fondé des espérances sur cette affaire, mais le résultat fut à peu près nul pour la colonisation. Quelques villages furent établis par la compagnie, pour la forme, mais la grande majorité des terres fut simplement louée aux indigènes. On sait comment cette société sombra, malgré les bénéfices réalisés par elle en Algérie ; quant aux cent millions, ils n'ont pas été entièrement versés.

Après la révolte de 1871, l'amiral de Gueydou frappa de séquestre les tribus insurgées, et un certain nombre de ces territoires qu'on avait si généreusement donnés aux indigènes, se trouvèrent disponibles pour la colonisation. C'est ainsi qu'on pénétra dans les riches vallées de la Kabilie, qui, sans cela, nous auraient été fermées pour longtemps. Un loi du 15 septembre 1871 avait attribué cent mille hectares, en Algérie, aux émigrés d'Alsace et de Lorraine ; un décret du Président de la République (1) régla le mode de distribution de ces terres. Le titre I dispose que le concessionnaire qui pourra justifier de la possession d'une certaine somme et s'engagera à la dépenser pour la mise en valeur de son terrain, en deviendra propriétaire définitif, aussitôt qu'il aura établi que les dépenses ont été faites. Il va sans dire qu'il se trouva peu de colons de cette catégorie. Le titre II s'appliqua au plus grand nombre et apporta une véritable innovation au régime suivi jusqu'alors. La concession fut transformée en un bail de neuf ans avec promesse de remise en toute propriété après ce délai, si les conditions de résidence et de mise en valeur imposées avaient été exécutées. C'était une aggravation considérable des anciennes clauses résolutoires ; de plus, le droit par trop aléatoire du colon lui enlevait la faculté d'effectuer le moindre emprunt, puisque, en réalité, il n'était que locataire et ne pouvait donner de gage.

Ce fameux titre II, dont la paternité fut attribuée à l'amiral, souleva contre lui de légitimes critiques de la part des Algériens et de leurs assemblées électives. De plus, le décret ne faisait aucune part aux gens du pays, aux fils des colons des premiers jours dont le patrimoine si restreint n'était plus en rapport avec l'augmentation de la famille. Ils deman-

(1) Des 16-28 octobre 1871.

daient, depuis longtemps, des terres, et, si on les avait admis dans les nouveaux villages, ils auraient pu, par leur expérience, être fort utiles aux immigrants. Le gouverneur fut amené, bon gré, mal gré, à faire modifier le décret, afin de garantir les prêteurs par un engagement de l'Administration de laisser vendre, au besoin, la concession à leur requête. Plus tard, on réduisit à cinq ans la durée du bail (1). On se décida aussi à accorder des terres aux Algériens, mais à la condition qu'ils ne fussent pas célibataires, ce qui était une façon un peu arbitraire de provoquer l'augmentation de la population.

Environ 2.200 familles d'Alsaciens-Lorrains, représentant, à peu près, 10.500 personnes, arrivèrent en Algérie après l'annexion de leur pays. Patronnés par des comités disposant de sommes importantes, reçus à leur débarquement par des délégués chargés de leur fournir la nourriture et des secours, placés par l'administration au milieu de fort beaux territoires, dans des villages où l'on avait préparé de petites maisons pour les abriter, ces immigrants se trouvèrent, à peu près, dans les mêmes conditions que les colons de 1848, avec cet avantage sur eux qu'on leur donna quatre fois plus de terrain.

On ne tint aucun compte des leçons de ce premier

(1) Décret du 15 juillet 1874.

essai et l'on retomba dans les mêmes erreurs. L'élément immigrant ne valait guère mieux, car les cultivateurs s'y trouvaient en minorité. La plupart des Alsaciens étaient des ouvriers de fabrique, peut-être très-attachés à la France, mais dont la moralité et l'esprit de conduite laissaient trop souvent à désirer ; il va sans dire qu'il y avait d'honorables exceptions. Malgré les efforts des comités et de l'administration, malgré les secours envoyés pendant plusieurs années de France, la réussite fut peu brillante comparativement aux efforts et aux sacrifices faits. Quand on cessa de distribuer de l'argent et des vivres, un certain nombre d'Alsaciens rentrèrent chez eux ou se dispersèrent ; d'autres attendirent l'expiration des cinq années du bail, vendirent leur concession depuis longtemps grevée et disparurent. Il faut reconnaître, néanmoins, et nous le faisons avec plaisir, que, dans les immigrants de 1871, se trouvaient de bons travailleurs, dont quelques-uns ont réussi à force de persévérance. Il faut reconnaître également qu'ils ont eu contre eux cette circonstance défavorable d'avoir à supporter, au début, plusieurs années de mauvaise récolte. Enfin, non-seulement on leur a mesuré trop parcimonieusement la terre (1), mais encore leur concession a

---

(1) Le décret porte qu'il leur sera donné de 3 à 10 hectares par tête, en comptant les enfants et les domestiques comme unités.

été fractionnée en quatre lots répartis en autant de zones concentriques, entourant le village, de sorte que le lot le plus étendu s'est trouvé le plus éloigné ; nous connaissons un centre dont les colons ont leur grand lot de culture à six kilomètres de distance.

Cependant, partout où ces villages ont été établis, il est resté un groupe de cultivateurs bien fixés au sol : dans la vallée de l'Isser, dans celle du Sahel, aux environs de Djidjeli et de Mila. Il en est donc résulté une réelle extension du périmètre colonisé. Sous l'administration du général Chanzy, il a été donné une grande quantité de terres, et les colons algériens en ont largement profité. En somme, il en a été de la colonisation faite depuis 1871, comme des précédentes ; malgré de nombreux échecs isolés, un vaste pays, précédemment occupé par les indigènes, se trouve maintenant aux mains des Européens. Ceux-ci possédaient, en 1877, en chiffres ronds, 1.031.095 hectares (1).

Un résultat a donc été obtenu. Aurait-il pu l'être au prix de moins d'insuccès particuliers ? Nous le pensons, et c'est un sujet qu'il y a lieu de traiter à fond.

L'Algérie cultivable est divisée en deux zones principales. Le littoral, comprenant des vallées

(1) *Situation de l'Algérie*, dressée par le gouvernement général, 1877, p. 45.

arrosées et de riches plaines d'alluvion, contrée fertile par excellence, suffisamment pourvue d'eau et qu'un climat chaud rend apte aux cultures les plus diverses et notamment à la production des primeurs et des fruits du Midi. La petite culture y est déjà possible et largement rémunératrice. L'autre zone est celle du Tell proprement dit, composée de montagnes, de vallées et de plaines s'élevant successivement pour atteindre la région des hauts-plateaux qui précèdent le Sahara. Les terres y sont également fertiles, mais les eaux, s'écoulant vers le littoral par des pentes souvent raides, y sont plus rares ; le climat, plus froid, ne permet, pour ainsi dire, pas de culture d'hiver. Enfin, les parties montagneuses, les mamelons qu'on ne peut labourer, diminuent grandement la superficie des terres cultivables. C'est la région spéciale à la culture des céréales et à l'élève des troupeaux. Quand les hivers et les printemps sont pluvieux, les récoltes y sont fort belles ; mais, dans les périodes de sécheresse, le blé et l'orge rendent très-peu, et le colon n'a aucune autre culture pouvant lui donner de réelles compensations.

La vigne paraît devoir être, aussi bien pour le littoral que pour le Tel, une ressource inappréciable, si nous avons ce bonheur que le phylloxéra ne pénètre pas en Algérie. Mais la vigne demande de grands frais de plantations et d'entretien, et il faut attendre plusieurs années avant d'en recueillir les fruits.

Il résulte de ce qui précède que le genre de culture et les ressources de la terre sont très-variables, selon les localités, et que si le colon est à son aise avec quelques hectares irrigables sur le littoral, il est malheureux avec cinquante hectares dans le Tell, s'il a à lutter contre de mauvaises récoltes et qu'il n'ait pas d'autre industrie. Les bestiaux seraient pour lui une excellente ressource ; mais peut-il avoir un troupeau quand il habite un village et a une quarantaine d'hectares divisés en quatre lots distincts éloignés les uns des autres ? La vie du colon en village, qui offre de grands avantages au point de vue de la sécurité et de l'appui mutuel, n'est possible que dans un pays de petite culture. Or, nous ne saurions trop le répéter, dans le Tell, il faut de grands terrains, et la logique veut, en raison même de l'étendue de la propriété, que le colon n'habite pas au loin, afin d'éviter le double inconvénient du temps perdu dans un long trajet au soleil, pendant l'été, et de l'impossibilité de surveiller des fruits toujours exposés aux entreprises des voleurs. Le système des villages a été combattu depuis longtemps et notamment par un économiste de grande valeur, M. Jules Duval, en 1854.

Nous savons qu'on a donné des fermes isolées, de 40 à 50 hectares, dont les concessionnaires n'ont pas mieux réussi. Pourquoi ? parce qu'ils n'avaient pas de ressources et parce que leur terrain n'était pas encore assez grand ; du reste, la proportion des échecs a été moins grande. Parce qu'ils n'avaient pas de ressources, avons-nous dit ; en effet, c'est surtout en matière de colonisation que l'axiome *ex nihilo nil fit* est vrai. Comment veut-on que l'homme qui, ne possédant rien, va s'établir sur sa concession, réalise ce problème de la mettre en valeur, et, à cet effet, défricher, planter, chercher ou aménager l'eau, construire, etc., et de vivre, lui et sa famille, en attendant les récoltes ? C'est absolument impossible. Aussi qu'arrive-t-il le plus souvent ? Le malheureux colon s'installe, comme il le peut, sur son terrain, dans une chaumière qui l'abrite fort mal contre les intempéries de l'hiver et les chaleurs de l'été. Il devient bientôt la proie de la fièvre ou de toute autre maladie et n'a pas les soins nécessaires. Néanmoins il résiste, avec un courage héroïque, aux privations et à la misère, et travaille, soutenu par ce mirage : l'espoir d'être propriétaire. S'il a triomphé de la maladie et échappé aux coups des indigènes, il voit enfin arriver ce jour où la législation lui permet d'emprunter sur sa terre. Il se croit sauvé, et cependant il s'enlève une chance de réussite. En effet, non-seulement il sera grevé du service des intérêts de son emprunt, ce qui réduira ses maigres revenus ; mais, quand arrivera le moment de rembourser, il ne pourra le faire ; où prendrait-il cette somme ? Les quelques mille francs qu'il a empruntés et qu'il n'a reçus que diminués des frais et des intérêts retenus d'avance, lui ont servi à se faire une maisonnette un peu plus confortable et à payer les dettes contractées pendant les premiers temps, car il fallait vivre. Tout a donc été absorbé sans créer une nouvelle source de revenus, au contraire, en les diminuant, et bientôt le malheureux est exproprié ; il maudit, en la quittant, cette terre où il a passé sans profit quatre ou cinq années de misère et où il laisse peut-être le tombeau de plusieurs des siens.

Quiconque a vu de près le colon reconnaîtra l'exactitude de ce tableau. Tel est en général le sort de celui qui ne possède pas de ressources pécuniaires et n'a d'autre industrie que la culture. Celui qui a des avances liquides ou qui est ouvrier et peut exercer un métier : maçon, boulanger, menuisier, forgeron, aubergiste, même, ou qui obtient un petit emploi : cantonnier, garde des eaux, facteur, etc., est dans une tout autre situation, car le peu qu'il gagne lui assure sa subsistance, tous les produits de la campagne sont un supplément, et, s'il est rangé, il peut les employer en amélioration. Ceux-là ont généralement réussi. Quant à l'emprunt, il est, le plus souvent, cause de la ruine du colon, sauf s'il emploie les fonds à acheter des terres dans de bonnes conditions, parce qu'alors il se crée une augmentation de revenus ; dans le commerce ou l'industrie un prêt peut être avantageux, parce qu'il permet de réaliser des bénéfices souvent considérables ; mais pour la culture, il n'y a pas de coups de fortune à espérer et ce n'est que par le plus strict calcul et le moins d'avances de fonds qu'on peut y réussir ; et puis, ce n'est pas le tout d'emprunter, il faut rendre.

Il est une autre catégorie de petits cultivateurs venus dans ce pays sans le moindre capital et qui, néanmoins, ont su s'y faire une position. Ce sont les Espagnols, gens travailleurs par excellence, durs au climat, d'une sobriété étonnante et d'un caractère sur lequel la nostalgie n'a pas de prise. Leur réussite, dans la province d'Oran, où, cependant, ils trouvaient des terres infestées de palmiers nains, est remarquable. Certains Italiens des pays pauvres, des Corses, tous gens doués de qualités qui les rapprochent des précédents, ont su, également, triompher des obstacles des premiers jours et s'établir sérieusement. Par exemple, ils n'ont rien emprunté. Enfin, parmi les Français, ceux qui réussissent le mieux sont des gens des Pyrénées ou des pays pauvres du Midi. Il va sans dire qu'il y a des exceptions ; nous citerons notamment le village comtois de Vesoul-Benian, près Miliana, le village allemand de Sidi-Lahcen, près de Bel-Abbès, etc.

Le cultivateur français émigre peu, et cela se conçoit, puisqu'il trouve, avec tant de facilité, dans notre féconde patrie, une vie plantureuse. Ceux qui se décident à chercher fortune ailleurs ont généralement échoué dans leur village ; ce n'est déjà pas la crème des fermiers. Ils n'ont pas su réussir chez eux, où ils n'avaient, pour ainsi dire, qu'à se laisser vivre, et ils partent dans l'espoir de trouver, avec moins de peine, une existence plus agréable. Aussi quelle n'est pas leur désillusion quand ils voient de près ce qu'est la rude vie du colon ! L'énergie qui leur faisait défaut en France est bien vite épuisée en Afrique. Bientôt, ils ne songent qu'à regagner leur village et ils fuient ce pays qu'ils avaient entrevu comme un Eldorado et où ils n'ont trouvé que la misère, les privations et la maladie. On l'a dit bien des fois, l'Algérie est trop près de la France ; on peut y rentrer quand on veut, même sans argent, même par un coup de tête, et, de retour au pays, on justifie son insuccès par des récits fantaisistes qui enlèvent aux compatriotes toute velléité d'imitation. Il n'en est pas de même pour les contrées éloignées ; quand on y est, il faut y rester, même après les revers, et, souvent, en se remettant à l'œuvre, on réussit.

Fidèle au principe que nous nous sommes tracé en écrivant ce livre, nous disons la vérité, toute la vérité. Les gens forts doivent savoir l'entendre. Les échecs des colons isolés ont été nombreux ; nous avons tâché d'en indiquer les causes ; mais cela ne nous empêche pas de croire fermement à l'avenir de la colonisation française en Algérie ; il n'y a, pour cela, qu'à constater les résultats obtenus. Nous avons dit que, partout où l'on a donné des terres, il est resté un noyau de colons bien fixés au sol, qui ont su trouver le procédé propre à leur contrée et qui sont l'avenir du pays. Un grand nombre de villages, fondés il y a vingt ou trente ans, après avoir passé par diverses vicissitudes et avoir été presque abandonnés, ont, maintenant, une population trop nombreuse et qui, par suite du manque de terre, est forcée de se dédoubler.

Nous avons exposé, aussi longuement que l'exiguïté de notre cadre nous le permettait, les différents systèmes qui ont été appliqués et nous en avons fait ressortir les inconvénients. Examinons, maintenant, ce qu'on aurait pu, ce qu'on pourrait encore faire.

M. Lestiboudois, dans un rapport rédigé en 1853 sur l'état de la colonisation en Algérie, après avoir apprécié les différentes causes ayant amené l'insuccès des colons de 1848, s'exprime comme suit :
«..... L'Etat a pour mission d'assurer les indispensables conditions de la prospérité coloniale, ... ce sont :

« 1° la sécurité ;

« 2° l'étendue des terres ;

« 3° un régime libre, c'est-à-dire la libre action des personnes, la libre disposition des biens ;

« 4° les voies de communication ;

« 5° un marché où les colons puissent placer d'une manière assurée leurs produits..... »

Ce programme est fort bon, à l'exception, peut-être, du dernier desideratum qui est en contradiction avec les lois économiques, en faisant sortir l'Etat de son rôle. Toutes les autres conditions sont de nécessité absolue et, il faut convenir qu'elles ont généralement manqué. La sécurité n'a pas été et n'est pas suffisamment assurée (1). L'étendue des terres a été ridiculement insuffisante. La liberté des personnes a été souvent contrariée, notamment dans ces villages placés sous la direction d'un officier qui envoyait les colons à l'ouvrage ou à la messe au son du tambour. La liberté des transactions a manqué puisque le concessionnaire ne pouvait disposer de son bien. Enfin les voies de communication, malgré de réels sacrifices faits par l'administration, sont restées longtemps à l'état rudimentaire et ne sont pas complètes maintenant.

Ici vient se placer la question de la vente des terres. A priori, il semble que ce mode eût présenté de grands avantages ; mais on objecte que la spéculation en aurait profité et que les gens, après avoir

(1) Nous traitons plus loin cette question dans un chapitre spécial.

acheté de vastes domaines, auraient attendu la plus-value sans y faire la moindre amélioration, de sorte que la colonisation n'en aurait retiré aucun profit. Cette objection ne manque pas de force ; il est vrai qu'on aurait pu imposer certaines clauses à l'acquéreur, mais il aurait toujours été difficile d'établir une sanction, car rien ne prévaut contre les principes, et, quand on a acheté et payé une chose, on en est maître.

Eh bien ! malgré les inconvénients de la vente, nous déclarons qu'à notre avis ce mode est préférable et que la spéculation ne nous fait pas peur, parce que la spéculation, c'est la vie, tandis que la réglementation outrée entraîne la stérilité.

Si l'on écarte la vente, reste la concession ; or, si l'on adopte ce dernier système et qu'on le débarrasse de ses entraves, pour se conformer au principe de M. Lestiboudois, « la libre disposition des biens », on ne pourra, davantage, empêcher la spéculation. Et même avec les entraves actuelles ne s'exerce-t-elle pas (1) ?

Mais, quel que soit le système adopté, nous pensons que, pour une colonisation qui s'établit dans les régions ordinaires du Tell, il faut, dès le début, de vastes terres, avec la ferme au milieu de la pro-

---

(1) Depuis que ces lignes sont écrites, le gouverneur a présenté son projet de concession et d'aliénation des terres. Nous ne changeons rien à notre texte.

priété, dans un endroit dominant et bien exposé, comme les Romains savaient les choisir. Cette ferme doit former un quadrilatère entouré de murs solides pour que les indigènes ne puissent, en une nuit, y pratiquer des trous, et élevés, afin de défier l'escalade. Là où tout est en sécurité, les hommes peuvent se reposer tranquillement du travail de la journée et les bestiaux ruminer à leur aise dans la cour ou les hangars, à l'abri des intempéries et hors de l'atteinte des voleurs. Enfin, en cas d'insurrection, la ferme devient un petit fort facilement défendable.

Il est inutile de dire que, pour procéder de la sorte, il faut des capitaux ; c'est la condition *sine qua non* de la réussite ; or, l'argent ne manque pas en France. Il faut aussi des hommes actifs, intelligents et surtout bien au courant des choses du pays, pour diriger ces exploitations. Mais, en procédant ainsi, quelle différence dans les résultats ! Ce qui tue le colon, c'est son isolement ; son effort est perdu parce qu'il n'est pas complété par un autre effort ; il ne peut résister à ses ennemis : la maladie, les privations et les voleurs, parce qu'il n'est pas organisé et qu'il est seul. Combien cet homme serait plus heureux s'il arrivait dans une vaste exploitation où il travaillerait comme fermier ou colon partiaire, ayant sa subsistance et sa sécurité assurées et certain d'être soigné à temps s'il tombait malade ! Et, quand il aurait réuni un certain pécule et acquis l'expérience du pays, il posséderait les éléments pour réussir et pourrait devenir propriétaire à son tour.

Voilà, à notre avis, la seule voie logique à suivre en Algérie. Il est vrai que les terres disponibles deviennent rares ; mais le Domaine qui a su les conserver et fournir, jusqu'à ce jour, aux besoins, en possède bien encore. Quant aux capitaux, ils sont nombreux en France, où ils ne rapportent qu'un intérêt minime. N'arrivera-t-il pas un moment où les capitalistes, au lieu de risquer leur fortune dans des affaires immorales ou des prêts à l'étranger, préféreront les employer activement dans des entreprises agricoles en Algérie ? Le jour où ils s'y décideront, fût-ce demain, ils trouveront dans tous nos villages une jeune génération, forte, intelligente, ayant l'expérience du pays et dont ils pourront tirer un excellent parti.

Nous pensons donc qu'au lieu de procéder, comme on l'a fait, en partant de la petite propriété pour arriver à la grande par le groupement de plusieurs concessions abandonnées, il faut débuter par la grande propriété pour arriver à la petite.

Quant aux ressources que l'agriculture peut fournir, elles sont grandes ; nous allons les passer en revue.

En première ligne se placent les céréales, la production spéciale du Tell, et, d'abord, le blé et l'orge, puis l'avoine, les fèves, le maïs et le sorgho. Cette culture est en grande partie aux mains des indigènes qui, souvent, travaillent encore comme colons partiaires pour les Européens. Leurs procédés sont des plus primitifs, et, cependant, quand l'année est favorable, les récoltes sont fort belles; ils ont, en outre, l'avantage d'être peu coûteux. La culture faite par les Européens donne des résultats bien supérieurs, mais les frais sont incomparablement plus élevés, la main-d'œuvre agricole étant très-chère; néanmoins, dirigée par des mains expérimentées, elle peut encore donner de beaux résultats. Les fermiers sont rares, et il en sera ainsi tant qu'on donnera des concessions aux gens susceptibles de l'être.

La production des céréales, en 1874, année fort moyenne, a été de :

```
5.611.894 quintaux métr. de blé dur.
1.215.694        —         blé tendre.
8.000.656        —         orge.
  240.851        —         avoine.
   13.174        —         seigle.
  225.576        —         sorgho.
```

Voici les chiffres de 1877, année médiocre :

```
3.049.200 quintaux métr. de blé dur.
  770.938        —         blé tendre.
5.062.495        —         orge.
  317.796        —         avoine.
    8.312        —         seigle.
  101.284        —         sorgho.
```

La différence en moins, sur l'année précédente,

est d'environ huit millions et demi de quintaux.

Après les céréales, la culture qui est appelée au plus grand avenir, en Algérie, est celle de la vigne. Déjà, la quantité d'hectolitres de vin produite se chiffre par centaines de mille et augmente rapidement. (1) On consomme, en outre, beaucoup de raisin de table et on en fait sécher. Tous les terrains paraissent convenir à la vigne; mais pour savoir quels cépages seront mieux appropriés aux localités, il faut le temps et l'expérience. Il en est de même pour les procédés de fabrication du vin, qui doivent être modifiés selon les conditions climatériques du pays et la nature du raisin. Si le phylloxéra nous épargne, la vigne, seule, pourra faire la richesse de l'Algérie. Les vignerons de l'Hérault, du Gard, de Vaucluse, du Var, ruinés par le fatal insecte, commencent à le comprendre et à venir, sur cette terre d'Afrique, refaire leurs vignobles détruits. En 1877, le nombre d'hectares cultivés en vigne était de 17.728; il doit être maintenant d'environ 25.000 (2).

Les cultures maraîchères, pour la consommation locale, et celle des primeurs, pour l'exportation, constituent un revenu important. Les Mahonais des environs d'Alger ont réussi, à cet égard, d'une manière admirable, et il est certain que leur exemple pourrait être suivi sur tout le littoral et que

(1) 335, 582 hectolitres en 1878.
(2) *Etat de l'Algérie*, p. 61.

l'Algérie serait en mesure de fournir des légumes frais à une partie de l'Europe, en hiver.

Comme cultures industrielles, le tabac, le lin, la ramie, donnent de bons résultats. Le coton réussit dans quelques localités, mais ne peut, comme prix de revient, supporter la concurrence avec l'Amérique. Peut-être donnerait-il, dans les oasis du sud, des produits plus rémunérateurs et à meilleur compte.

Les plantes d'ornement et les plantes à essences sont cultivées avec succès aux environs d'Alger.

La sériculture, entreprise naguère sur différents points, est, en grande partie, abandonnée; et cependant, il y a, sans doute, quelque chose à faire sous ce rapport. Il en est de même de l'apiculture qui est pratiquée avec succès par les Kabiles.

Presque tous les arbres fruitiers de France viennent bien en Algérie.

Comme fruits d'exportation, l'orange et le citron donnent déjà un certain chiffre. L'oranger vient bien partout où l'altitude ne dépasse pas une moyenne de cinq cents mètres. Cette production peut donc facilement être décuplée.

Un autre fruit d'exportation est la datte. Le nombre des palmiers peut être grandement augmenté, et, comme des Français viennent d'acheter des quantités considérables de ces arbres dans les oasis de la province de Constantine, il faut espérer que cette production suivra également une marche ascendante et que partout où la sonde amènera l'eau à la surface, on plantera des palmiers.

L'olivier, indigène en Algérie, où il atteint les proportions d'un arbre de haute futaie, donne d'excellents fruits et en abondance. L'huile entre pour un chiffre important dans le tableau des exportations et il s'en consomme beaucoup sur place. La quantité d'huile fabriquée en 1877 a été d'environ 1.500.000 hectolitres, dont les deux tiers produits par les Européens. Quant à celle que préparent les indigènes, elle est de qualité inférieure, par suite du mauvais procédé de fabrication.

Comme productions naturelles, nous citerons : le liège, qui est déjà sérieusement exploité, les écorces à tan, les bois, les prairies naturelles et les plantes textiles croissant spontanément, c'est-à-dire l'*Halfa*, le *Dis* et le palmier nain. L'Halfa exploité surtout dans la province d'Oran, donne lieu à une exportation moyenne de 80.000 tonnes. Un chemin de fer a été établi, d'Arzeu à Saïda, dans le but spécial d'aller chercher cette plante dans les hauts-plateaux. Ce textile est expédié particulièrement en Angleterre, à l'état brut, et il est incompréhensible que l'industrie française n'ait pas encore trouvé le moyen de l'utiliser ou, tout au moins, de lui faire subir, sur place, une première préparation.

Il nous reste à parler des troupeaux et des animaux domestiques; chevaux, mulets, ânes, chameaux, bœufs, vaches, moutons, chèvres, formant un chiffre total d'environ quinze millions de têtes, dont 500.000, à peine, appartiennent aux Européens (1). Ici, encore, c'est l'indigène qui est le principal producteur; ses troupeaux sont sa meilleure ressource, car ils s'élèvent et s'accroissent sans frais. Le mouton et le chameau ont en outre cet avantage de vivre et de prospérer dans les steppes des hauts-plateaux et du Sahara, où l'eau est rare et où la végétation se compose de plantes aromatiques et épineuses dont ces animaux peuvent, seuls, s'accommoder. Chaque année, à partir du mois d'octobre, des troupeaux énormes sont dirigés sur le littoral. Là, on les embarque sur des vapeurs qui les conduisent à Marseille, où ils arrivent exténués mais vivants, grâce à la rapidité de la traversée. Ainsi l'Algérie contribue, pour une part, à l'alimentation, en viande, de la France.

A ces bestiaux il faut ajouter le porc qui s'élève facilement et à peu de frais; il a, en outre, pour nos colons, cet avantage, qu'il ne tente pas la cupidité des voleurs musulmans.

Enfin, des tentatives sont faites pour vulgariser l'élevage de l'autruche, qui se reproduit, depuis de longues années, au Jardin d'essai d'Alger, à l'état domestique. On ne voit pas, en effet, pourquoi cette

(1) *Etat de l'Algérie*, p. 47.

industrie ne réussirait pas aussi bien en Algérie qu'au Cap, où elle constitue une véritable richesse publique.

La laine complète le groupe des principales productions du pays. Il s'en exporte, chaque année, environ huit millions de kilogrammes, sans compter tout ce qui s'emploie dans le pays.

CHAPITRE IV

LE COMMERCE, L'INDUSTRIE
LES GRANDS TRAVAUX PUBLICS

D'après les tableaux dressés par Shaler (1), voici quels étaient, en 1822, huit ans avant la conquête, les chiffres des importations et des exportations, pour toute la régence :

Importations	6.068.000 fr.
Exportations	1.474.000

Soit un mouvement commercial d'environ sept millions et demi ; ces chiffres se décomposent comme suit :

IMPORTATIONS

De *l'Angleterre*, produits manufacturés	2.700.000 fr.
De *l'Espagne*, soieries, poivre, café, etc.	1.200,000
De *la France*, sucre, café, poivre, étoffes, métaux, etc.	1.088.000
Du Levant, soie brute et manufacturée	540.000
De France et *d'Italie*, bijoux, objets de fantaisie, etc.	540.000
Total	6.068.000 fr.

EXPORTATIONS

Laine	864.000 fr.
Peaux	432.000
Cire	97.000
Plumes d'autruche et divers	81.000
Total	1.474.000 fr.

(1) Shaler, *Esquisse de l'état d'Alger*, trad. Bianchi, in-8°, 1830.

L'exportation du blé était généralement prohibée, pour éviter la disette.

A la suite de notre occupation, cette situation changea rapidement et les chiffres du mouvement commercial ne tardèrent pas à s'élever, ainsi qu'on peut en juger par le tableau suivant (1) :

Années.	IMPORTATIONS	EXPORTATIONS
1831	6.504.000 fr.	1.470.000 fr.
1834	8.560.236	2.376.662
1839	36.877,553	5.281.372
1844	82.804.550	3.272.056
1850	72.692.783	19.262.383
1854	81.234.447	42.176.068
1859	116.485.181	39.741.060
1864	136.458.793	108.067.354
1869	183.302.804	110.051,323
1874	196.255.214	149.352.895

En 1876, le chiffre de l'exportation atteint 166.530.591 fr., et, aussitôt que la période des bonnes récoltes sera revenue, il dépassera 200 millions.

En 1877, le chiffre de l'importation est de 246.589.241 fr.

La progression, on le voit, a été constante, aussi bien pour les importations que pour les exportations. Actuellement, le chiffre du mouvement commercial extérieur est de 358 à 380 millions, et c'est particulièrement le commerce avec la France

(1) Les chiffres que nous donnons sont pris dans les *Tableaux des établissements français*, publiés par le ministère.

qui le constitue. Nous voici loin des sept millions et demi qui représentaient tout le commerce de la régence, avant la conquête. L'écart considérable et fort difficile à expliquer, au point de vue économique, qui existait entre le chiffre des importations et celui des exportations, tend à disparaître. Il est probable qu'avant peu l'équilibre se fera.

Examinons maintenant les modifications survenues dans les articles mêmes, en prenant pour point de départ l'année 1853, époque à laquelle le commerce algérien est déjà en plein essor. Le trafic de ladite année a été le suivant :

Importations........................	99.079.531 fr.
Exportations........................	33.448.923
TOTAL............	132.528.454 fr.

Ces chiffres se décomposent comme suit :

IMPORTATIONS

Tissus de coton........................	20.764.247 fr.
— de lin ou de chanvre............	2.495.049
Vins.................................	11.215.274
Effets à usage........................	6.980.633
Tissus de laine........................	5.567.892
— de soie........................	5.647.491
Sucre raffiné	2.800.349
Peaux ouvrées........................	2.685.560
Papier, livres, gravures...............	1.454.608
Huile de grains, graisse...............	1.138.778
Outils et ouvrages en métaux...........	2.052.868
Poterie, verre cristaux................	1.094.282
Mercerie.............................	2.120.342
Peaux préparées......................	1.640.516
Eau-de-vie, esprit, liqueurs...........	2.679.251
A reporter....	70.337.140

COMMERCE, INDUSTRIE, TRAVAUX PUBLICS.

Report...	70.337.140
Soie et bourre de soie...............	1.134.329
Savons ordinaires..................	1.083.900
Matériaux à bâtir...................	580.506
Acide stéarique ouvré..............	554.982
Farine de froment..................	1.336.927
Orfèvrerie et bijouterie............	582.768
Parfumerie.........................	438.732
Fer, fonte et acier..................	575.242
Fils de toute sorte..................	293.505
Tabac préparé ou fabriqué.........	385.488
Médicaments composés.............	307.004
Fromages..........................	689.213
Fruits de table et oléagineux.......	542.396
Bois communs......................	365.083
Viandes salées.....................	357.259
Indigo.............................	117.405
Riz et grains.......................	201.814
Légumes secs......................	215.095
Graisse de porc....................	278.080
Beurre.............................	66.471
Froment...........................	31.967
Autres articles.....................	6.084.030
TOTAL............	86.597.135 fr.

EXPORTATIONS

Céréales...........................	11.810.377 fr.
Laines en masse...................	5.905.745
Peaux brutes......................	2.153.150
Tabac en feuilles..................	770.668
Huile d'olive......................	2.473.836
Légumes secs.....................	1.300.507
Béliers, brebis, moutons...........	719.896
Minerai de plomb..................	270.355
Minerais non dénommés...........	273.583
Futailles...........................	118.032
Végétaux filamenteux..............	314.857
Citrons et oranges.................	108.330
Os, sabots et cornes...............	226.967
Joncs et roseaux...................	21.297
A reporter...	56.467.600

Report...	56.467.600
Tabac fabriqué et autre...	142.943
Cire jaune et autre...	194.987
Suif brut...	234.604
Soies écrues et grèges...	112.000
Minerai d'antimoine...	85.444
Drilles...	83.150
Chevaux...	76.650
Liège brut...	20.085
Sangsues...	154.440
Autres articles...	1.301.350
Total...	28.873.753 fr.

La nature des marchandises importées a peu varié; les quantités ont généralement augmenté. Les matériaux de construction, les tissus, certaines denrées et objets de consommation forment les principaux chiffres. L'importation du vin diminue, par suite de l'accroissement rapide de la production locale, et l'Algérie a déjà commencé à exporter, à son tour, le précieux liquide. Dans les 216 millions d'importations en 1877, les tissus de coton comptent pour près de 53 millions; ceux de laine, pour 12 millions, le sucre pour 9 millions et demi.

Mais ce sont les articles de l'exportation qu'il est intéressant d'étudier comparativement. Nous allons en examiner quelques-uns :

En 1853, l'exportation des bestiaux, qui ne se compose que de moutons et de chevaux, atteint une valeur de 796.546 francs. En 1877 on exporte :

COMMERCE, INDUSTRIE, TRAVAUX PUBLICS. 109

Bêtes
- de somme   2.870 têtes, valant   719.730 fr.
- bovines   37.001   —   —   7.355.040
- à laine   357.482   —   —   7.149.640

Total :   397.353 têtes,   —   15.224.410 fr. (1)

En 1853, on exporte pour 11.810.377 francs de céréales. En 1874 (2) :

- 1.052.843 quintaux métr. de blé,   valant   27.300.000 fr.
- 767.325   —   orge,   —   15.300.000
- 30   —   seigle,   —   500
- 90.057   —   avoine,   —   2.250.000

1.910.255 quintaux métr.   valant 44.850.500 fr.

En 1853, on exporte pour 20.085 fr. de liège brut; en 1876 :

4.352.513 kilog. valant 5.223.016 fr.

En 1853, on exporte pour 314.857 fr. de végétaux filamenteux ; voici les chiffres de 1876 :

- 75.326 kilog. coton,   valant   150.652 fr.
- 1.011.683   —   feuilles de palmier nain,   —   151.752
- 8.390.960   —   crin végétal,   —   2.097.740

Total : 2.400.144 fr.

En 1853, on exporte pour 21.297 fr. de joncs et roseaux (article comprenant l'Halfa et le Dis). En 1877 :

68.757.798 kilog. valant : .... 10.313.670 fr.

En 1853, on exporte pour 629.382 fr. de minerais de toute sorte ; voici les chiffres de cette exportation en 1877 :

(1) État de l'Algérie, p. 86.
(2) Nous prenons cette année comme moyenne, car, si les chiffres sont moins forts en 1877, ils sont de 2.067.757 quintaux en 1876.

```
4.505.679 quintaux fer,      valant      7.209.086 fr.
   68.340    —    cuivre       —          683.400
   19.287    —    plomb        —          867.915
```
```
4.593.306 quintaux minerais, valant      8.760.401 fr.
```

L'augmentation porte encore sur les articles suivants (1877) :

```
3.181.519 kil. fruits verts (oranges et citr.),   val.  1.440.430 fr.
2.092.097   —      secs (dattes, figues, etc.),    —    1.569.072
10.527.794  —   laine,                             —   18.428.955
3.477.827   —   légumes secs,                      —      869.462
2.071.530   —   peaux,                             —    3.526.401
3.245.908   —   huile d'olive,                     —    3.245.908
4.181.064   —   tabac en feuilles,                 —    4.181.064
```

Enfin, de nouveaux articles se sont ajoutés aux précédents. Nous citerons parmi eux :

Le poisson de mer pêché sur nos côtes et que l'on exporte en conserve ou dans la glace ; le chiffre de 1876 est de :

```
5.906.834 kilog., valant ............... 3.544.100 fr.
```

Le vin (en 1877) :

```
4.121 hect., valant .................... 196.902 fr.
```

Les écorces à tan (en 1877) :

```
20.277.999 kilog., valant .............. 4.055.600 fr.
```

Les légumes frais (en 1877) :

```
1.936.845 kilog., valant ............... 290.527 fr.
```

Les essences (rose, géranium, néroly, etc.).
Les plantes d'ornement, etc.

On voit, par cette rapide revue, quelles ressources variées l'Algérie offre au commerce. Ces ressources ne feront que s'accroître, car, chaque jour, il s'en créera de nouvelles par la mise en valeur du pays et la facilité des communications. Qui aurait pu prévoir, il y a trente ans, que l'Algérie expédierait, jusque dans le nord de l'Europe, des légumes de primeur, des plantes d'ornement, du poisson ; que la viande algérienne serait cotée aux halles centrales ; que l'halfa, cette plante monotone des hauts-plateaux, pourrait être utilisée avec tant de succès et devenir une source de richesses, à ce point qu'on construirait un chemin de fer spécial pour aller la chercher au seuil du désert; que des navires viendraient de tous les pays chercher notre minerai de fer brut...? En vérité, celui qui aurait entrevu cet avenir aurait couru grand risque de se voir taxer de folie, non que l'on n'eût rêvé pour l'Algérie un brillant avenir, mais on se plaisait à voir sa fortune dans des productions étranges, alors qu'on foulait aux pieds ses vraies richesses.

Le commerce algérien est desservi par la marine de commerce, à voile et à vapeur. Le port de Marseille fournit, à lui seul, la majeure partie de ces navires. Les principaux ports sont ceux d'Alger, Oran, Bône, Philippeville, Bougie et Arzeu, où des travaux plus ou moins considérables ont été exécutés par nous pour les rendre plus sûrs et plus accessibles. Les petits ports ou rades foraines de La Calle, Collo, Djidjeli, Dellis, Cherchel, Tenès, Mostaganem et Nemours, servent aux caboteurs et aux navires d'un faible tirant d'eau.

La traversée d'Alger et de Philippeville à Marseille (750 kilom. en moyenne) se fait en trente-six heures par les courriers. Cette vitesse va encore être augmentée par la Compagnie transatlantique qui prend le service le 1er juin 1880. Les accidents sont excessivement rares. Les vapeurs de commerce mettent, environ, 48 heures pour ce trajet, ce qui permet d'amener en France les bestiaux vivants, en entassant les moutons sur le pont ou dans les cales. Alger a trois arrivées et autant de départs réguliers par semaine : Philippeville et Oran chacune deux ; Bône, une. Des services maritimes à vapeur relient les villes de la côte. De grands vapeurs font régulièrement le trajet de Dunkerque à Bône, avec escales sur le parcours. Le courrier, venant de France à Bône, touche en Corse, et, de Bône, va à Tunis. Enfin un service est établi entre Oran et Carthagène, et un vapeur italien va régulièrement d'Alger à Tunis, et, de là, en Sicile et à Naples. Les rapports avec l'Europe sont, on le voit, nombreux et fréquents. Les services réguliers vont être augmentés comme nombre d'ordinaires. Port-Vendres sera relié à Oran et à Alger par des courriers spéciaux. Bougie aura aussi un service direct avec la France.

Les communications télégraphiques sont non

moins bien assurées avec la France, étant desservies par trois câbles spéciaux. Le réseau télégraphique terrestre est à peu près complet, et il est peu de postes qui ne possèdent leur bureau.

Les marchandises à l'importation sont frappées d'un droit d'entrée dit *octroi de mer*, dont le produit sert à constituer le budget des communes algériennes qui se trouvent, ainsi, dispensées d'établir un octroi aux portes des villes. Cet impôt est perçu au débarquement une fois pour toutes.

Nous ne pouvons avoir la prétention de traiter, d'une manière technique, la question du commerce algérien, de son avenir et des mesures qu'il pourrait être opportun de prendre, afin de lui assurer tout son développement. Il faudrait, pour cela, une compétence plus grande que la nôtre et un cadre plus vaste que celui de ce livre ; nous nous bornerons donc à l'aperçu qui précède.

L'industrie proprement dite n'existe pas encore en Algérie, et il ne faut pas se dissimuler que l'absence de charbon sur place sera toujours, à cet égard, une grande difficulté à vaincre. Qu'on trouve un autre moteur, et la question sera bien simplifiée. Mais, si la grande industrie manque, la petite industrie est largement représentée. Partout où les rivières ont de l'eau en quantité suffisante, les chutes ont été utilisées, spécialement pour des moulins à farine; l'un deux, établi sous la paroi verticale du rocher de Constantine, est une véritable usine qui ne compte pas moins de trente-deux paires de meules. Les moulins à huile, les vermicelleries, les distilleries d'essences, les fabriques de crin végétal, l'exploitation et la préparation du liège, les autres exploitations forestières, les tanneries, la cordonnerie indigène, la fabrication des vêtements de laine par les Arabes et les Kabiles, la préparation des conserves de poissons et de légumes, l'exploitation du sel cristallisé et enfin la pêche du corail, telles sont les principales industries actuellement en prospérité.

Bien des essais ont été tentés pour agrandir ce champ; mais, soit que les fonds aient manqué, soit que les promoteurs n'aient pas su diriger leurs entreprises, soit que le pays ne se trouvât pas dans les conditions voulues, la réussite n'a pas couronné les efforts. Nous citerons notamment les essais entrepris pour utiliser, sur place, l'halfa ou lui faire subir une préparation afin de la réduire en tourteaux et de diminuer son poids, et, par suite, les frais de transport. On n'a pas réussi, et c'est très-fâcheux; espérons que, plus tard, on parviendra à trouver le procédé.

L'exploitation des mines paraît appelée à un brillant avenir. Les gisements métalliques sont nombreux, riches et variés : fer, cuivre, plomb,

plomb argentifère, mercure, zinc, antimoine, etc., se trouvent dans un grand nombre de localités. Les premières compagnies formées pour l'exploitation des richesses minières, il y a une trentaine d'années, n'ont pas réussi ; celles de Mouzaïa et de Tenès ont abouti à de véritables désastres causés par la mauvaise direction des exploitations. Celle de Gar-Rouban, sur la frontière du Maroc, après avoir tenu assez longtemps, a fini par être également abandonnée, malgré sa richesse, et cela, croyons-nous, en raison de son trop grand éloignement de la mer et de la difficulté des chemins. Les mines de Kef-Oum-Teboul, sur la frontière tunisienne, sont l'objet d'une exploitation sérieuse qui occupe environ quatre cents ouvriers. Celle de Aïn-Barbar en emploie trois cents ; celle de l'Ouad-Messelmoun, deux cent-vingt, et celle des Beni-Saf, six ou sept cents.

Mais la principale mine de fer de l'Algérie est celle de Mokta-el-Hadid, située à 33 kilomètres à l'Ouest de Bône, non loin du lac Fezara. Le minerai de fer magnétique qu'on en extrait est le plus riche de tous les minerais connus. Longtemps la compagnie concessionnaire est restée dans une situation peu brillante et a vu ses actions cotées au-dessous du pair. Enfin, elle a eu le bonheur de rencontrer un ingénieur habile (1), qui a pris en main la direction de la mine, et, sous son impulsion, les choses

---

(1) Feu M. Dumas.

ont bientôt changé de face. D'importants bénéfices ont été réalisés et la prospérité de la compagnie a pris un essor inespéré. Les actions ont regagné le pair, l'ont dépassé et sont cotées à plus de trois fois leur valeur nominale. Le personnel de l'entreprise est de plus de seize cents personnes et la production journalière de dix-huit cents tonnes. La production de 1874 a atteint 428.000 tonnes; celles de 1877 n'a été que de 384.000. En 1867, elle était de 169.000 tonnes. Un chemin de fer appartenant à la Compagnie prend le minerai à la mine et l'amène dans le port de Bône, où les wagons déchargent à même dans de grands quatre-mats à vapeur aménagés spécialement pour ce transport. La Compagnie de Mokta a acheté d'autres mines et étend chaque jour ses opérations.

A côté de ces grandes exploitations, un certain nombre d'autres mines ont fait l'objet de concessions, et, peu à peu, de nouvelles entreprises s'organisent.

Après les mines, citons encore les carrières de marbre, et, notamment, celle de marbre blanc de Filfila, qui rivalise avec le Carare et celle de Aïn-Takbalet, au nord de Tlemcen, fournissant un admirable onyx-translucide à tons variés, qui commence à être très-recherché. Les Romains, nos devanciers, avaient exploité toutes ces carrières.

COMMERCE, INDUSTRIE, TRAVAUX PUBLICS. 117

Passons, maintenant, un rapide examen des travaux publics exécutés ou en cours d'exécution et de ceux en projet.

Un des premiers soins qui s'imposa à nous dans le cours de la conquête, fut de nous fortifier. Ainsi, à mesure que l'on prit possession d'un poste, on s'occupa, aussitôt, de remettre en état et de compléter ses défenses, si c'était déjà une ville habitée, ou de l'entourer d'une muraille, si le centre était de nouvelle création. De plus, un certain nombre de forts, redoutes et blockhaus isolés furent établis. Ces travaux, exécutés sous la direction du génie militaire, absorbèrent des sommes considérables, mais ils étaient absolument nécessaires, car la moindre muraille a toujours arrêté l'effort des indigènes.

Vint ensuite l'ouverture de routes praticables dans ces pays montagneux et coupés, où l'on ne trouvait, avant la conquête, que des sentiers à peine suffisants pour les bêtes de somme des indigènes. Ce fut encore l'armée qui commença cet utile travail ; ainsi, à peine nos soldats avaient-ils posé leurs armes, qu'ils prenaient la pioche ; souvent, même, ils travaillèrent sous le feu de l'ennemi, protégés par une partie de leurs camarades. L'administration des Ponts-et-Chaussées, en territoire civil, le Génie, en territoire militaire, ont amélioré et complété les voies ouvertes par l'armée, et, maintenant, on peut dire que tous les points importants sont reliés par des routes souvent très-bonnes, et presque toujours praticables. La viabilité n'est pas encore parfaite, mais les principales artères existent; les Conseils généraux s'occupent du soin d'établir des chemins vicinaux se rattachant aux grandes lignes, et il est à supposer que, dans quelques années, les voitures pourront circuler partout.

Les travaux maritimes ont exigé de très-grandes dépenses. Avant la conquête, il n'existait, pour ainsi dire, pas de ports en Algérie. Ce rivage était bien celui dont Salluste a dit : « *Mare sœvum importuosum* », une mer irritée et sans ports. Alger, chef-lieu de la Régence, n'offrait qu'un abri incertain aux felouques des corsaires, et l'on se rappelle de cette tempête qui, en 1841, détruisit un grand nombre de navires ancrés dans ce triste port. Mers-el-Kébir, Arzeu, Bougie et Collo offraient, seuls, des rades que la nature avait faites plus sûres. On créa, de toutes pièces, de nouveaux ports à Alger, à Oran, à Bône, à Philippeville. Des millions y furent engloutis, et si la conception et l'exécution de certains de ces travaux donnèrent lieu à des critiques diverses, de la part des hommes spéciaux, le public doit reconnaître qu'un résultat a été obtenu, puisque ces localités sont maintenant pourvues de ports dont plusieurs sont bons. Dans les autres localités maritimes : La Calle, Collo, Djidjeli, Bougie, Dellis, Cherchel, Tenès, Mostaganem, Arzeu, Nemours, on exécuta des travaux plus ou moins importants, dans le but d'améliorer le mouillage et de rendre l'accès de la côte plus facile. Enfin, un grand nombre de phares ont été construits le long du littoral. Il est inutile d'ajouter que si l'on a fait bien des choses, il reste beaucoup à créer et à améliorer.

Comme travaux d'utilité générale, mais plus restreinte, effectués en Algérie, nous citerons :

Le dessèchement des marécages, notamment dans la plaine de la Mitidja, où le lac Alloula, autrefois un foyer de pestilence, a été mis à sec, ce qui a donné à la colonisation un vaste territoire d'une grande fertilité.

L'aménagement des eaux pour la consommation animale et l'irrigation. Partout les eaux potables ont été recueillies avec soin, et conduites dans les centres. La commune de Constantine a dépensé plusieurs millions pour aller chercher, à 70 kilomètres, les eaux des sources de Fesguïa, que les Romains amenaient également à Cirta, et maintenant, cette ville populeuse est abondamment pourvue d'eau.

La création de grands barrages pour la retenue des eaux et l'irrigation. Ceux de la province d'Oran ont particulièrement réussi.

Le forage de puits artésiens dans le Hodna et le Sahara, travail de première utilité exécuté par la main-d'œuvre militaire, sous la direction d'habiles ingénieurs. Aussitôt que l'eau est ramenée à la surface dans les steppes arides, la vie renaît et une oasis se forme.

Les plantations, faites généralement par l'armée, sous la direction du Génie. On avait même organisé des compagnies de planteurs qui ont fonctionné pendant quelque temps. Les reboisements des environs d'Orléansville leur sont dus. Des pépinières furent, en outre, faites dans chaque localité ayant une garnison.

Enfin, la construction d'une foule d'établissements publics, tant par le Génie que par le service des Bâtiments civils.

Tous ces travaux représentent une somme considérable d'efforts; et cependant il reste bien des choses à faire, notamment au point de vue de l'organisation des ressources hydrauliques. Si l'Algérie avait de l'eau en abondance, ce serait le plus riche pays du monde; malheureusement, elle est rare, et il faudrait s'attacher à en laisser perdre le moins possible. Les Romains avaient étudié à fond cette question capitale, et l'on retrouve, à chaque instant, des travaux qui sont pour nous un sujet d'étonnement et qui pourraient nous servir de modèles.

Mais une des créations appelées à modifier, dans les plus grandes proportions, la situation économique de l'Algérie, est celle des chemins de fer.

Le premier réseau algérien a été déterminé par le décret du 8 avril 1857. Une convention, passée avec la compagnie Paris-Lyon-Méditerranée et approuvée par la loi du 11 juin 1863, lui a concédé les deux tronçons Alger-Oran (426 kilomètres) et Philippeville-Constantine (87 kilomètres). Aussitôt, cette puissante compagnie s'est mise à l'œuvre, et en 1870, ces deux tronçons étaient mis en exploitation. Celui de Philippeville à Constantine a coûté très-cher en raison des difficultés du terrain.

Depuis 1870, de nouvelles lignes ont été concédées et sont déjà livrées à la circulation; savoir :

De Bône à Guelma et de Guelma au Khroub (près Constantine), soit environ 200 kilomètres, exploités par la compagnie des Batignolles (Gouin);

De Constantine à Setif par El Garâ, 155 kilomètres, exploités par la compagnie Joret (Est algérien);

De la Maison-Carrée à Ménerville (Col des Beni-Aïcha), dans la province d'Alger, 43 kilomètres, exploités par la même compagnie ;

D'Arzeu à Saïda, dans la province d'Oran, 130 kilomètres avec prolongement dans les hauts-plateaux (70 kilomètres), pour atteindre la région de l'halfa, exploités par la compagnie Debrousse (Franco-algérienne);

Enfin, de Sainte-Barbe-du-Tlelat à Sidi Bel Abbès, 53 kilomètres, concédés à la compagnie Seignette.

Telles sont les lignes actuellement livrées à la

circulation ; elles forment un total 1.100 kilomètres.

Celle de Duvivier à la frontière tunisienne est très-avancée et ne tardera pas à être livrée (122 kilomètres).

Le décret du 8 avril 1877 a décidé que le réseau algérien serait composé d'une ligne parallèle à la côte, qui est en partie faite et ne présente que la lacune comprise entre Setif et Ménerville, et de lignes perpendiculaires partant des principaux forts pour aboutir à la ligne parallèle. Celles-ci sont encore, pour la plupart, à l'état de projet. Au delà de la ligne parallèle, des lignes de pénétration s'enfonceront vers le Sud.

La situation des chemins de fer en exploitation est satisfaisante, car le trafic est important, et l'Etat ou les départements garantissent un minimum d'intérêt aux compagnies. Les premiers tronçons ont été faits dans des conditions beaucoup trop coûteuses ; il n'en est pas de même des derniers qui ont été établis plus économiquement et sont revenus à des prix incomparablement moins élevés. Cette extension des chemins de fer algériens est une excellente chose à tous les points de vue. Les producteurs en ressentiront, avant tous autres, le profit. Les avantages stratégiques sont, également, très-appréciables, et cette facilité de transporter rapidement des troupes sur un point donné est un gage de sécurité. Les indigènes emploient volontiers ce mode de locomotion qu'ils paraissent trouver tout naturel.

Nous ne terminerons pas ce chapitre sans parler des deux grands projets à l'ordre du jour : « la mer intérieure » et « le trans-saharien ».

Pour le premier, la mer intérieure, nous ne nous permettrons pas de l'apprécier au point de vue technique, c'est-à-dire de la possibilité d'exécution. Des savants tels que MM. Daubrée, Cosson, Pomel, l'ont combattu par des motifs qui semblent probants et sont confirmés par le rapport de la Commission italienne. M. Roudaire prétend, néanmoins, que le projet est réalisable et il a trouvé des appuis considérables à l'Académie des sciences et dans la presse. L'avenir prononcera. Nous nous contenterons de protester, d'abord, contre ce nom de *mer*, car ce ne serait, après tout, qu'un lac. Or, le public, en général, en est encore à croire que le Sahara est une plaine basse, une mer de sable, sans accidents de terrain, et se figure qu'en lâchant l'écluse de Gabès, tout le « désert » serait inondé ; c'est là, croyons-nous, le secret de la faveur qui a accueilli le projet du commandant. N'a-t-on pas vu des personnes craindre que le « rétablissement de la mer saharienne » ne fît reparaître les glaciers en Europe !

Pour nous, nous avouons n'en être pas partisan, parce que nous en cherchons en vain l'utilité et n'y voyons que des inconvénients. M. Roudaire et ceux qui le soutiennent prétendent que l'inondation de la cuvette du Melrir aurait pour conséquence de modifier le climat de l'Algérie. Il faudrait dire, d'abord, d'une partie seulement de la province de Constantine ; mais c'est là, on l'avouera, une supposition bien gratuite, une hypothèse qui pourrait être combattue par d'autres hypothèses tout aussi plausibles. Au point de vue économique, la proposition n'est pas soutenable, car, on bouleverserait la situation d'une contrée, en immergeant des palmiers et en coupant des chemins, et l'on ne fournirait aux habitants du Souf et de l'Ouad-Rir d'autre avantage que de conduire par eau leurs dattes et leurs haïks à Gabès, tandis qu'ils les apportent dans la province de Constantine et en Tunisie, où ils ont des relations commerciales depuis longtemps établies. Ce serait donc un courant sérieux détourné de chez nous au profit d'une nation étrangère qui ne tend que trop à se fortifier en Tunisie, sur notre flanc. Enfin, au point de vue stratégique, ce serait l'ouverture de notre frontière méridionale, la facilité donnée par nous à nos ennemis de nous prendre à revers et de nous envahir par le Sud.

Mais pour effectuer les travaux considérables

qu'entraînerait la réalisation de ce plan, il faudrait de l'argent. Or les capitaux sont prudents de leur nature, et quand un bénéfice certain ne se montre pas clairement, comme conséquence d'une entreprise, — et c'est ici le cas, ou jamais, — ils se cachent. On vient de le voir pour un projet touchant à des intérêts autrement considérables, le percement de l'isthme de Panama. La question n'est donc pas près de sortir du domaine de la théorie ; mais, quel que soit le résultat final, on doit savoir gré, à M. Roudaire, du courage avec lequel il travaille à la solution de ce problème, alors même qu'il n'aurait d'intérêt que sous le rapport théorique et scientifique.

Tout autre est notre appréciation à l'égard du second projet : le *trans-saharien*. Autant l'utilité du premier, — en admettant qu'il soit réalisable, — est contestable, autant les avantages du second sont certains et de premier ordre. Relier l'Algérie avec notre grande colonie du Sénégal ; planter notre drapeau au cœur de l'Afrique ; ouvrir le Soudan à notre commerce et à notre industrie, voilà un projet digne de passionner une nation comme la nôtre, et c'est un devoir patriotique, pour chaque Français, de travailler à sa réalisation. Nous reconnaissons, du reste, avec plaisir, que cette question a éveillé, chez nous, une noble émulation ; aussi est-elle déjà sortie de l'état de préparation pour entrer dans celui de l'exécution, puisqu'une commission composée d'hommes éminents dans diverses spécialités a été nommée afin de procéder aux études. Des sommes importantes ont été accordées par l'État, et nos ingénieurs sont en route afin de reconnaître le meilleur point d'attache dans les trois provinces.

Mais il ne faudrait pas se dissimuler que c'est là une grande entreprise, et il est à souhaiter que l'opinion publique ne s'en désintéresse pas, lors de la révélation des difficultés à surmonter. A ce point de vue, la dernière publication de M. Duponchel (1), malgré le soin apporté par l'auteur à ce travail, peut avoir de fâcheuses conséquences, en présentant l'établissement du trans-saharien comme très-facile. Selon lui, on peut, dans un délai fort court, procéder en même temps à la reconnaissance du terrain et à la construction de la voie, et poser, sans s'arrêter, les rails, de Laghouat à Tombouktou (2). Or, en réalité, la question est loin d'être mûre et se lancer ainsi, au hasard, serait non-seulement une hardiesse touchant à la folie, mais encore une légèreté impardonnable, car on compromettrait gratuitement la réussite d'un projet qui doit contribuer, à un haut degré, à la grandeur de

(1) *Le chemin de fer trans-saharien*, par A. Duponchel, Paris 1879.
(2) P. 247.

notre patrie. L'établissement du trans-continental américain, que l'auteur prend pour modèle, peut fournir d'utiles enseignements, mais en conclure qu'on peut procéder absolument de la même manière est une grave erreur, car les deux pays ne sont nullement dans des conditions identiques.

En l'état, nos connaissances sur le centre du Sahara et le Soudan sont des plus vagues. Il faut, avant tout, reconnaître et étudier le pays intermédiaire et choisir la voie la plus avantageuse à tous les points de vue, pour ne pas être obligé de la recommencer ; il faut avoir des données précises sur le Soudan, sous le double rapport économique et ethnographique, afin de savoir dans quelle direction nous devons aller ; il faut fixer, non-seulement le point d'arrivée au Soudan, mais encore le point de départ en Algérie, et l'on est loin de paraître d'accord sur ce sujet. Pour tout cela, des années sont nécessaires et doivent être absorbées par les reconnaissances sur place, les études comparatives et les discussions contradictoires, de façon à ne trancher la question que quand tous les éléments seront réunis.

Les travaux préliminaires pourront être bientôt terminés en Algérie et dans la première zone du Sahara ; mais, mesure-t-on le temps qu'il faudra pour reconnaître les différentes voies proposées, dans un pays douze ou quinze fois grand comme la France, sur une longueur de plus de deux mille kilomètres, au milieu de populations hostiles et en luttant contre des inconvénients sans nombre résultant du manque absolu de ressources et des dangers du climat? Un officier supérieur qui a, autant qu'il est possible, des notions sur ces contrées, a proposé de se charger d'une première reconnaissance, en emmenant avec lui un certain nombre d'hommes choisis et bien armés. (1) Un tolle général a accueilli cette offre qui, cependant, n'avait rien que de très-sage ; mais la presse ne veut pas que ces explorations aient un caractère militaire, même déguisé, et l'on a vu un membre algérien du Parlement se joindre, avec un certain fracas, à ces protestations. Tout le monde, en effet, parle *ex-professo* de cette question que bien peu de personnes connaissent, et si l'on peut citer quelques voyageurs qui sont revenus de ce terrible Sud, on ignore qu'à part Barth, ils ne sont pas allés jusqu'au Soudan et l'on oublie les noms des martyrs qui, agissant isolément, ont payé de leur vie leur généreuse tentative ; on ne se rend pas compte que ceux qui n'y ont pas péri obscurément n'ont pu recueillir quelques observations que d'une manière incomplète, par surprise, pour ainsi dire, en luttant de ruses avec les indigènes et en passant des années dans le Sud.

(1) Cette reconnaissance est partie et se trouve actuellement en plein Sahara.

C'est qu'en effet la plus grande difficulté réside dans les conditions mêmes du pays à traverser. LE SAHARA N'OBÉIT A PERSONNE. Il est parsemé d'oasis habités par des populations berbères sédentaires assez pacifiques, mais très-jalouses de leur autonomie, et habituées à défendre, avec un grand courage, leurs villes, contre les incursions étrangères. Quant aux vallées et aux montagnes, elles sont occupées par des peuplades berbères nomades, les descendants de ces farouches Sanhadja-au-voile (*litham*), chez lesquels a pris naissance la secte des Almoravides (*El-Morâbtine*). Ces indigènes parcourent en maîtres toutes les routes du Sahara ; leur principale industrie consiste à convoyer les caravanes : moyennant une très-forte rétribution, ils se chargent de les défendre contre les attaques des autres Berbères. Mais, en réalité, leur plus grande ressource, c'est le pillage des caravanes qui n'ont pas traité avec eux. Ce sont des pirates de terre ; du reste, tous en lutte les uns contre les autres et vivant dans un état permanent de rivalité, qui est la conséquence de la tradition et de la concurrence.

Et l'on parle de conclure des traités de paix et de commerce avec ces barbares ! Il faut vraiment se faire une étrange idée des hommes et des choses du Sahara. Nos explorateurs en chambre, ceux qui refusent aux reconnaissances tout appareil militaire, oublient qu'une convention a été laborieusement conclue avec les chefs Touaregs venus à Alger, vers 1862, après le voyage de M. Duveyrier. Ce traité n'a pas été abrogé, que nous sachions ; quelle en a été la sanction ? Qu'on le demande aux mânes de Mlle Tinné, de Dourneaux-Duperré, des missionnaires et de plusieurs autres. Les géographes de cabinet ignorent une chose, c'est que, dans un pays où l'anarchie est seule maîtresse, les engagements que peuvent prendre les chefs sans mandat ou sans autorité, ce qui revient au même, sont des lettres mortes. Et comme s'il fallait que ces partisans de l'exploration du désert, un parasol sous le bras, aient tous les ridicules, l'un d'eux s'écriait, à l'appui de sa thèse : « Voyez Stanley ». En effet, Stanley n'était pas militaire et n'avait aucun militaire sous ses ordres ; aussi a-t-il traversé l'Afrique un rameau d'olivier à la main.

Le plus grand obstacle ne vient donc pas des éléments, comme on aurait pu le croire, mais des hommes. Il est certain que les Berbères du Sud, sans être de grands économistes, verront, dans l'établissement du chemin de fer, la ruine de leur double industrie, et, en conséquence, s'y opposeront de toutes leurs forces. Trouverons-nous plus d'appui parmi les habitants des oasis, c'est possible ; mais, à coup sûr, ce ne sera pas dans les premiers temps. Pour s'en convaincre on n'a qu'à se rappeler la réception faite à M. Soleillet par les gens de Tin-Salah. Enfin, il ne faut pas perdre de vue que, même dans la partie du Sahara qui nous est soumise, la sécurité est loin d'être absolue, puisque des partis de Chaanbas, et d'Oulad Sidi Cheïkh viennent opérer des *razzias* jusque dans les environs du Djebel-Amour. On n'aura pas de batailles rangées à livrer, mais il faudra lutter sans cesse contre des ennemis hardis, obstinés et insaisissables.

En conséquence, il n'y a, à notre avis, qu'une seule manière de procéder, c'est d'étendre méthodiquement et régulièrement notre influence et notre autorité dans le Sud, en occupant militairement des postes de plus en plus éloignés et en appliquant une politique suivie et habile. Si l'on avait parlé, il y a trente ans, d'occuper Touggourt, cela aurait paru bien étonnant, et cependant nous y avons une garnison. Quand nous aurons bien reconnu et étudié notre tracé, nous nous ferons suivre par les rails, au lieu de nous faire précéder par eux, comme le demandent quelques personnes. Nous créerons des marchés à mesure que nous gagnerons du chemin et que les indigènes se persuaderont que nous sommes assez forts pour résister à leurs attaques et que nous ne venons que dans un but pacifique; de cette façon nous avancerons lentement, peut-être, mais sûrement, à la conquête du Soudan.

Voilà l'entreprise nationale que nous devons mener à bien, non comme on tente un coup de fortune, en comptant sur le hasard, mais comme des hommes sérieux et sages exécutent un dessein mûrement réfléchi.

CHAPITRE V

LA POPULATION EUROPÉENNE ET JUIVE

Avant 1830, la France n'était représentée, en Algérie, que par le personnel des consulats et celui de nos établissements de pêche et de commerce de La Calle, ce qu'on appelait *le Bastion de France*. Nous ne parlons pas des malheureux qui gémissaient dans les bagnes ou étaient retenus comme esclaves. La population étrangère était à peu près nulle, sous la domination turque.

Aussitôt après la prise d'Alger, des industriels de toute sorte, et spécialement de ceux qui suivent les armées, vinrent s'établir dans cette ville et y créèrent les premiers établissements. Bientôt des spéculateurs, des aventuriers, des épaves de toutes les professions s'y abattirent; puis, de prétendus colons et enfin de véritables colons se présentèrent.

Au commencement de l'année 1831, la population européenne d'Alger s'élevait à trois mille personnes. A mesure que nous occupions de nouveaux postes, un groupe de colons s'y établissait : d'abord des aubergistes, puis des marchands et des ouvriers d'art, et, après ceux-ci, des cultivateurs ; c'est l'histoire de toutes les colonies. Des militaires ayant achevé leur temps de service, restèrent dans le pays qu'ils avaient aidé à conquérir, ou y revinrent et contribuèrent, pour une bonne part, à former la population.

A la fin de 1836, la population européenne s'élevait à 14.561 personnes se répartissant comme suit (1) :

	Français	Etrangers	Total
Alger	3.625	5.469	9.094
Oran	959	2.109	3.068
Bône	723	1.244	1.967
Bougie	157	200	357
Mostaganem	21	54	75
Totaux	5.485	9.076	14.561

Les étrangers, on le voit, étaient en grande majorité. C'étaient, pour la plupart, des Espagnols, gens que la proximité de l'Afrique et l'analogie de climat attirent facilement. Le souvenir de leur longue occupation d'Oran, qui n'a cessé qu'en 1792, est resté vivace chez eux, et ils considèrent la province de ce nom un peu comme leur patrimoine. C'est, nous l'avons dit, un bon élément qui a rendu de réels services à la colonisation.

Au commencement de 1838, la population coloniale était de 16.770 personnes réparties, comme nationalités, dans des proportions analogues au tableau précédent.

Pendant la période de guerres qui suivit la rup-

(1) Ces chiffres et les suivants sont pris dans les *Tableaux des établissements français*.

POPULATION EUROPÉENNE ET JUIVE.

ture du traité de la Tafna, jusqu'à la chute d'Abd-el-Kader, voici quel fut le mouvement de la population :

```
Année 1840..........  28.736 âmes
  »   1841..........  35.727   »
  »   1842..........  46.098   »
  »   1843..........  58.985   »
  »   1844..........  95.321   »
  »   1845..........  99.800   »
  »   1846.......... 109.400   »
```

Cette marche ascendante était due aux arrivées, car les décès excédaient, alors, de beaucoup les naissances. Ainsi, dans cette dernière année 1846, les naissances furent de 2.650 et les décès de 3.922, soit une différence de 1.272. Les arrivées étaient suivies de nombreux retours. En 1846, on compte 47.315 arrivées et 31.673 départs. C'était, on le voit, un véritable mouvement de va-et-vient, puisque le gain réel n'est que de 15.632. L'excédant des décès sur les naissances avait, non-seulement, pour cause, l'insalubrité du pays, mais le petit nombre de femmes. En 1840, le rapport était de onze hommes pour quatre femmes ; en 1846, il était de quarante à vingt-cinq.

Quant aux nationalités, elles se répartissent de la manière suivante, en 1846 :

```
Français.....................        47.274
Espagnols............. 31.528 )
Maltais...............  8.788 |
Allemands et Suisses..  8.624 }  62.106
Italiens..............  8.175 |
Divers................  4.991 )
                                  ─────────
                         Total... 109.380
```

Les Français sont encore en minorité, si l'on tient compte de tous les étrangers réunis; puis, viennent les Espagnols dont le nombre est toujours considérable. Sur ce chiffre, la population agricole n'est que de 9.485 personnes.

Six ans plus tard, le 31 décembre 1853, le chiffre de la population algérienne n'était que de 136.194 âmes, malgré la tentative récente de colonisation officielle, au moyen des ouvriers parisiens. Ce chiffre se répartit comme suit par nationalités :

Français....................		77.558
Espagnols................	36.615	
Italiens...................	7.573	
Maltais	5.966	
Allemands................	4.663	
Suisses...................	1.656	
Belges et Hollandais....	455	58.636
Anglais...................	450	
Polonais..................	263	
Portugais.................	232	
Grecs.....................	68	
Divers....................	695	
	Total...	136.194

Si l'on ajoute à ce qui précède, ce qu'on appelle la population en bloc, soit 3.186 individus, formant le personnel des hospices, prisons, maisons d'éducation, etc., on arrive au chiffre total de 139.380.

On voit, par le tableau qui précède, que le nombre des Français a pris définitivement le dessus sur celui des étrangers, qui a diminué. On remarque dans les tableaux de ce recensement, que la proportion des femmes et des enfants a notablement augmenté, sans cependant atteindre le chiffre normal.

Les déportations politiques qui eurent lieu vers cette époque apportèrent à la population un élément actif et intelligent. Dégoûtés de la politique, les déportés ne cherchèrent qu'à vivre tranquilles en se faisant une position honorable, et un grand nombre d'entre eux réussirent. Cet élément, en se fondant avec celui des anciens militaires, contribua à former une population dont un des traits caractéristiques est un esprit frondeur qui, à force de craindre qu'on « ne lui en fasse accroire », est porté à tout critiquer et à tout tourner en dérision. C'est une disposition très-fâcheuse, bien qu'en ait dit ce sage qui prétendait que la défiance était le commencement de la sagesse, car elle conduit naturellement à l'injustice.

Le recensement de 1856 donne les chiffres suivants :

Français	92.738
Etrangers	66.544
Population en bloc	8.358
Total	167.640

Recensement de 1861 :

Français	112.229
Etrangers	80.517
Population en bloc	13.142
Total	205.888

Recensement de 1866 :

Français		112.119
Espagnols	58.510	
Italiens	16.655	
Anglo-Maltais	10.627	105.871
Allemands	5.436	
Autres	4.643	
	Total...	217.990

Dans ce chiffre n'est pas comprise la population en bloc qui porte à 225.000, environ, le nombre total. Cette période quinquennale, de 1861 à 1866, correspond à l'essai de royaume arabe, et il est à remarquer que, pendant ces cinq années, la population *française* est restée sensiblement la même, l'émigration ayant cessé.

Recensement de 1872 :

Français	129.601
Juifs naturalisés	34.574
Etrangers	115.516
Population en bloc	11.482
Total...	291.173 personnes

Sur les 115.516 étrangers, les Espagnols comptent pour 61.366. Dans la période de 1867 à 1873, les naissances ont été de 53.371 et les décès, non compris ceux de l'armée, qui, du reste, ne figure pas dans le chiffre de la population, de 50.894 ; l'excédant des naissances sur les décès se trouve donc établi. Sur le nombre de la population européenne, 130.123 individus sont nés en Algérie.

Enfin le dernier recensement, celui de 1877, qui remonte déjà à trois ans, donne les chiffres suivants (1) :

Français........................	155.727	
Israélites naturalisés............	33.287	
Espagnols...............	92.510	
Italiens................	25.759	
Anglo-Maltais..........	14.220	155.735
Allemands.............	5.722	
Autres nationalités.....	17.324	
Population en bloc...............	8.890	
Total...	353.639	
En ajoutant à ce chiffre celui de l'armée, soit.................	51.051	
on arrivera au total de..........	404.690	

et, en retranchant les militaires indigènes il reste 390.685 Européens ou naturalisés (2).

Le chiffre de 353.639 Européens ou naturalisés, civils, accuse une augmentation de plus de soixante mille âmes sur le recensement de 1872, et cette progression est due, pour une partie, aux naissances, car la natalité augmente rapidement ; si ce mouvement se maintient, comme tout le fait prévoir, il faudra moins de trente ans pour que la population européenne ait doublé par elle-même, en admettant que l'immigration ne lui apporte pas plus d'élé-

---

(1) *Etat de l'Agérie*, 1877, p. 12.
(2) Les chiffres du décret fixant le dénombrement officiel de la population diffèrent légèrement des précédents en donnant, comme chiffre total, net 394.656 personnes. — Voir *Bulletin officiel*, n° 704.

ments. En 1877, il est né 11.902 enfants européens, dont 6.165 garçons et 5.736 filles, ce qui donne une proportion de 3, 7 enfants par 100 habitants, alors qu'en France elle n'est que de 2, 7. Dans la même année, le nombre des décès est de 10.811, qui est assez élevé, mais qui comprend ceux de l'armée, des prisons et des valétudinaires qui viennent trop tard chercher le remède d'un climat plus doux. Néanmoins, l'excèdant en faveur des naissances est de 1.091.

Dans la période 1876, 77 et 78, on compte :

Naissances...... 34.671
Décès........... 32.159, dont 2.047 décès militaires.
Excédant.... 2.512 (1)

Nous voici déjà loin de cette époque où le général Charon, dans un rapport fait, le 7 juin 1853, au comité consultatif de l'Algérie, s'exprimait comme suit : «... il n'y a pas d'accroissement naturel dans la population européenne transplantée en Algérie ; l'expérience prouve, malheureusement, que le climat dévore, aujourd'hui, plus qu'il ne produit... ». C'est alors, aussi, qu'un éminent académicien, jugeant à priori et théoriquement, déclarait que les races du Nord devenaient improductives en Afrique. On le voit, tout cela est bien changé. La population

---

(1) Un algérien le docteur René Ricaux, vient d'exposer scientifiquement ces questions dans son beau livre : *La Démographie de l'Algérie*. Paris, 1880.

créole de l'Algérie, formée du croisement des éléments divers qui sont venus dans le pays, commence à être formée. Beaucoup de personnes nées ici, n'ayant jamais vu la France, ont déjà, à leur tour, des enfants. Cette race est forte et intelligente et promet ne pas devoir être au-dessous de ces *Afri*, dont le rôle, dans l'antiquité, a été si remarquable et qui ont fourni à Rome plusieurs empereurs. Quant à sa fécondité, elle est incontestable, et, comme la vie est, relativement, facile sur cette terre, elle confirme une fois de plus la justesse de la loi de Malthus.

Sur les Européens établis en Algérie, la population agricole, en 1877, se composait de 143.349 personnes (1).

Il résulte des statistiques qui précèdent que le nombre des étrangers réunis est égal au chiffre des Français. C'est une situation qui mérite de fixer l'attention, mais dont la gravité est peut-être moindre qu'on ne pourrait le croire à première vue; en effet, ce nombre est formé par des nationalités diverses n'ayant aucun lien entre elles. Seuls les Espagnols qui comptent, à eux seuls, pour la moitié du chiffre des étrangers (92.500), constituent une masse pouvant, à un moment donné, présenter quelque danger, surtout dans la province d'Oran. Mais ce danger n'est que momentané, car les fils de

(1) *Etat de l'Algérie*, p. 45.

ces étrangers sont, déjà, à moitié français ; leurs enfants le seront complètement, de droit comme de fait. D'autre part, la communauté d'intérêts, les propriétés acquises et les positions occupées créent autant de liens puissants ; et si, pour une raison quelconque, ces étrangers étaient contraints d'opter, on les verrait, presque tous, devenir français, en vertu de l'axiome : *ubi bene, ibi patria*. En somme les étrangers sont ici, comme nous, des colons algériens.

Il faut convenir, du reste, que nous ne faisons rien pour attirer à nous les étrangers en les poussant vers la naturalisation. Au contraire, nous leur offrons des avantages plus grands qu'aux Français et ils auraient bien tort d'en rechercher le titre. Traités, ici, sur le pied de l'égalité absolue, ils jouissent de toutes les faveurs et n'ont à supporter aucune charge, ni service militaire, ni jury, tout en conservant cette faculté de pouvoir, au besoin, se réclamer de leur consul. Ils restent donc platoniquement fidèles à leur nationalité, ce qui est un sentiment fort louable ; mais il faut reconnaître que c'est tout profit pour eux. Ils n'ont pas, il est vrai, l'électorat politique ; mais on leur a donné le droit d'élire, dans chaque localité, un conseiller municipal qui est censé représenter le groupe des étrangers, comme si le Maltais allait voter pour un Espagnol et l'Allemand pour un Italien. Les logiciens qui ont fait cette loi n'ont pas vu que, pour l'étranger établi en Algérie, c'est la France qui vient après sa nationalité et qu'il était absurde de chercher à former ce qui n'existe pas, un corps d'étrangers, en opposition avec le groupe des Français. Il résulte de cette organisation que, dans les municipalités, se trouve généralement un conseiller au titre étranger, nommé le plus souvent par un nombre infime de voix, parce que les nationalités qui n'ont pas la majorité ou ne trouvent pas, parmi elles, de candidat capable, ne se donnent pas la peine de voter.

L'amiral de Gueydou, frappé des inconvénients de cette situation, avait cherché à les atténuer. Il a décidé notamment que les Français ou naturalisés auraient, seuls, droit à l'obtention des concessions de terre, et, en vérité, rien n'est plus juste. Nous pensons qu'il y aurait encore quelque chose à faire dans cette voie, sans gêner outre mesure la liberté individuelle, ni entraver la colonisation. Déjà, on oblige les Espagnols qui ne peuvent établir qu'ils ont satisfait, chez eux, aux obligations des lois militaires, à faire l'année de service actif imposée aux Algériens; on les classe ensuite, comme eux, dans la réserve. C'est là une excellente mesure qui, non-seulement est équitable, en soumettant les jeunes gens nés dans le même pays aux mêmes obligations, mais qui est appelée à amener une plus grande fusion entre les deux races, par la confraternité qui prend naissance sous les drapeaux.

Il serait donc à souhaiter que le gouvernement français négociât des conventions analogues avec les autres puissances. Quoi de plus choquant et de plus injuste que de voir le colon, l'ouvrier italien, maltais, allemand, continuer à travailler paisiblement, pendant que son contemporain, son voisin Français, né comme lui en Algérie, paie sa dette à la patrie? Il arrive même que des étrangers prennent la place des Français pendant qu'ils sont sous les drapeaux, de sorte que ceux-ci, en accomplissant leur devoir civique, fournissent à leurs concurrents le moyen de les supplanter. Comme toujours, nous jouons, bénévolement, le rôle de dupes ; mais, nous le répétons, le plus grand inconvénient de cette inégalité qui blesse, c'est d'éloigner les étrangers de la naturalisation qui leur supprimerait tous ces avantages.

Les étrangers rendent à l'Algérie ce service de lui fournir de la main-d'œuvre à bon marché. Dans la province d'Oran, les Espagnols constituent l'immense majorité des ouvriers agricoles, des mineurs, des terrassiers et des journaliers nécessaires à l'exploitation de l'halfa. Aux environs d'Alger, la culture maraîchère est, en grande partie, aux mains des Mahonais. Enfin, dans la province de Constantine, les Maltais sont jardiniers, et les Italiens des pays pauvres et des îles envahissent tous les chantiers et les exploitations minières. Ces hommes sont généralement de bons travailleurs, sachant vivre de peu, et qui, nous le répétons, rendent des services pour l'exécution des travaux. Mais l'inconvénient de cette concurrence est d'écarter les ouvriers français habitués à des salaires plus rémunérateurs et à un genre de vie plus confortable. Loin de nous la pensée d'interdire nos chantiers aux ouvriers étrangers ; c'est un fait que nous constatons, non sans regret, mais rien de plus.

Il nous reste à parler des Israélites qui augmentent de plus de 33.000 personnes le chiffre de la population française en Algérie. Cet élément est en pleine prospérité et s'est accru rapidement, tant par l'excédant des naissances sur les décès, que par l'arrivée de Juifs tunisiens et marocains.

Le recensement de 1856 donne le chiffre de 21.048 Juifs. En 1861, il est de 28.097 ; en 1872, de 34.574.

Enfin, d'après le dénombrement de 1877, le chiffre des Israélites *naturalisés* serait de 33.312. Cette légère diminution sur le nombre précédent s'explique par ceci : après le décret de naturalisation collective du 24 octobre 1870, on a porté, en bloc, le population juive dans le recensement de 1872 ; plus tard, quand la loi militaire a été appliquée à l'Algérie, beaucoup d'Israélites se sont soustraits à ses effets, en se faisant reconnaître sujets marocains ou tunisiens. Ils ont donc été rayés de la catégorie des naturalisés et portés dans celle des étrangers. Enfin les Juifs algériens sont de ceux qui n'aident en rien une opération de recensement, dans laquelle ils n'aperçoivent aucun profit réalisable, de sorte qu'un certain nombre a dû échapper. Pour ces différentes raisons, il y a lieu d'admettre que la population juive, naturalisée et étrangère, doit atteindre, de fort près, le chiffre de 40.000 personnes, c'est-à-dire qu'elle a presque doublé, depuis 1856, en vingt-quatre ans. La natalité est considérable chez ces indigènes qui se marient tous et ont beaucoup d'enfants ; il est vrai qu'ils en perdent un grand nombre.

Le décret de la délégation de la Défense nationale, du 24 octobre 1870, a naturalisé en masse cette population ; c'est-à-dire qu'on a jeté le titre de citoyens français à des gens dont la plupart s'en seraient bien passé. Le but était fort louable, mais la mesure était-elle nécessaire ? C'est une chose très-grave de naturaliser, d'un seul coup, sans mesures transitoires ni précautions d'aucune sorte, une population qui ne le demande pas ; de plus, c'est faire bon marché de la dignité nationale. La naturalisation doit arriver à la suite d'une démarche émanée de l'initiative individuelle et quand, du reste, l'impétrant remplit les conditions générales imposées. Or, les Israélites algériens auraient pu se faire naturaliser depuis longtemps ; quelques-uns, en très-petit nombre, avaient tenu à honneur de demander le titre de Français, mais l'immense majorité était restée muette, et nous ne voulons pas d'autre preuve pour justifier notre assertion que le plus grand nombre s'en serait passé. On objectera que, depuis quelques années, une campagne avait été entreprise pour obtenir la naturalisation collective ; mais on sait bien ici que cette agitation était le fait de quelques meneurs et que la masse de la population juive y est restée totalement étrangère, sauf peut-être à Alger.

Nous sommes fâché de faire renaître une discussion qui ne peut avoir de résultat pratique, car, maintenant, la naturalisation des Juifs a acquis la force du fait accompli ; des droits se sont établis et personne ne peut songer à revenir sur le décret du 24 octobre. Nous sommes fâché surtout de ceci, qu'en traitant des questions de ce genre, on est forcé de faire des généralités et, par conséquent, d'être injuste pour des individualités qui se trouvent englobées dans la masse. Mais nous ne pouvons glisser sur cette importante question ; il faut la vider et nous achèverons de le faire, sans acrimonie, mais sans rien laisser dans l'ombre, en suivant notre seul guide, LA VÉRITÉ, et avec l'espoir que les gens qui comprennent et raisonnent ne se méprendront pas sur nos intentions.

Les Israélites algériens ont de grandes qualités, mais ils ont, comme tout le monde, quelques défauts et notamment celui d'être d'une susceptibilité et d'une intolérance incroyables. A-t-on le malheur de constater un simple fait se rapportant à eux, en essayant d'émettre de bienveillants conseils, ils crient, sans vouloir rien entendre et vous accusent tout de suite de prévention et de parti-pris. Vous les poursuivez d'une haine de race ; vous êtes imbus de préjugés religieux, etc., et les voilà qui se posent en martyrs. Ils savent, du reste, trouver des défenseurs dans tous les rangs de la société et la presse est, pour eux, d'une complaisance, d'un dévouement admirables. Eh bien ! nous le demandons aux Israélites de bonne foi, est-il un de leurs coreligionnaires franchement rallié à nous et ayant adopté sans arrière-pensée nos mœurs, nos idées, nos passions généreuses, notre goût des choses élevées; en est-il un qui ait rencontré chez nous la moindre prévention ? S'est-il trouvé quelqu'un pour lui refuser une place au banquet ? Les Israélites de France sont-ils traités par nous sur un pied d'inégalité ?

Nous voici dans le cœur même de la question : l'inconvénient, c'est qu'un grand nombre, l'immense majorité de nos nouveaux concitoyens, prétend être traitée, d'emblée, sur le même pied que nos anciens compatriotes, sans faire d'efforts réels pour se mettre au même niveau. C'est que cette majorité conserve, avec soin, ses préjugés, ses mœurs d'un autre âge, son esprit mercantile, son hostilité contre le progrès, sa haine du chrétien. Ces opprimés se réclament de la liberté de conscience pour se cantonner dans leurs préjugés religieux. Il n'est pas jusqu'à leur costume que beaucoup d'entre eux conservent avec soin, pour eux et pour leurs enfants, alors qu'ils devraient le rejeter au loin comme la livrée de la servitude.

Au point de vue économique, quel est le rôle des Israélites en Algérie ? Contribuent-ils à la mise en valeur des forces productives du pays ? Travaillent-ils à la grande œuvre de civilisation entreprise par la France ? Nul n'oserait l'affirmer. Adonnés exclusivement au commerce et aux petits métiers, ils ont toutes leurs facultés tournées vers cet objectif : gagner de l'argent en risquant le moins possible ; mais cet argent qu'ils gagnent ne sort pas de chez eux. Ils le placent ordinairement en immeubles urbains et ne le font servir ni à l'industrie, ni à la colonisation, ni même aux grandes opérations commerciales. Ils ne connaissent, avons-nous dit, que le commerce ; mais comment le pratiquent-ils le commerce ? En se faisant une concurrence acharnée, en s'arrachant les affaires, en vendant à tout prix, même au-dessous du cours. Il en résulte que le commerçant européen, ne pouvant soutenir cette concurrence déloyale, tombe. Et maintenant, dira-t-on, comment le Juif fait-il pour vendre à perte ou sans bénéfice ? C'est un problème que nous ne voulons pas chercher à résoudre; mais il est certain que le commerce européen ne peut coexister à côté du commerce israélite, et que celui-ci n'est pas, lui-même, dans une situation brillante.

Parlerons-nous de la manière dont nos néo-concitoyens exercent leurs droits politiques? Tout le monde sait, en Algérie, de quelle façon ils votent : les meneurs donnent le mot d'ordre et les suffrages, arrivant en bloc, amènent le succès des heureux ou des habiles qui ont su les conquérir. Par ce temps de démocratie, les électeurs juifs sont une puissance dont les politiciens connaissent le prix; aussi ne leur ménagent-ils pas des flatteries que les Israélites acceptent d'autant plus volontiers qu'elles sont plus grossières. Il est incontestable que, depuis 1870, les candidats qui les avaient avec eux ont seuls réussi.

Mais, nous entendons les objections que l'énoncé de ces quelques vérités provoque. Il en est deux principales. La première, c'est que ces gens naissent à peine à la vie civilisée et qu'il serait injuste de leur demander mieux; qu'ils ont été, jusqu'à maintenant, opprimés et tenus dans l'abaissement et qu'ils ont leur éducation politique à faire ; qu'enfin, ils n'avaient pas, autrefois, la liberté de s'occuper de choses étrangères au commerce et qu'on ne peut repousser instantanément l'héritage du passé.

Tout cela est très-juste : qui le conteste ? C'est précisément pour ces causes qu'on a été trop vite ; il aurait fallu que cette population se civilisât, s'élevât au préalable pour se rendre digne du titre de citoyen français, et alors, on aurait été injuste, criminel, même, de le lui refuser quand elle l'aurait demandé.

Qui donc niera le grand rôle que les Israélites jouent en France et la place distinguée qu'ils occupent, non-seulement dans la finance et le commerce, mais encore dans les lettres, dans les sciences, dans les arts ? Ceux-là contribuent à la grandeur de notre patrie ; c'est qu'aussi ils n'ont rien conservé de leurs préjugés et de leurs traditions, c'est qu'ils sont Français sans restriction.

La seconde objection est celle-ci : Mais si ces gens jouissent de quelques avantages politiques, avantages, pour eux, très-platoniques, ils supportent une charge réelle, le service militaire.

C'est juste ; mais il faut réduire ce fait à sa stricte valeur. En quoi consiste le service militaire pour les Juifs algériens ? Ils sont, à l'âge de vingt ans révolus, tous compris dans le contingent et ceux qui n'échappent pas à la réforme, c'est-à-dire environ la moitié de l'effectif (1), sont envoyés, pendant un an, en France, dans les régiments en garnison dans le Midi. Leur année faite, ils sont incorporés dans la réserve des régiments d'Afrique, et, à trente ans, passent dans l'armée territoriale algérienne.

Nous admettons que cette charge, qui se réduit à un an de service actif, leur paraisse lourde ; mais, quel profit en retire la France ? Ce n'est pas dans un an que des gens aussi peu doués pour le métier des armes peuvent faire des soldats ; et puis, ce n'est, pour l'armée, qu'un renfort de deux à trois cents hommes. Du reste, on les traite, un peu, en enfants gâtés et l'on a grand soin de leur accorder toutes les permissions possibles pour leurs nombreuses fêtes. Si donc ils comprenaient leur intérêt réel, ils s'apercevraient que, loin d'être une charge qu'on leur impose, c'est un service qu'on leur rend, en procurant à quelques-uns de leurs enfants la faculté de voir la France et de prendre une idée de notre civilisation. Hélas ! ils le comprennent si mal, que la plupart de ces jeunes gens, après avoir porté, pendant un an, l'uniforme français, n'ont rien de plus pressé, quand ils rentrent, que de remettre les grosses culottes, le turban et les savates (2) et sur-

---

(1) Voir la brochure : *Une première tournée de révision,* par M. le docteur Bryon, médecin-major au 3º zouaves.

(2) Nous rappelons l'exception faite pour Alger dont la population juive est beaucoup plus civilisée et amie du progrès que dans le reste de l'Algérie.

tout de reprendre leur ancien genre de vie et leurs idées. Ils secouent leurs souliers au seuil de notre patrie et en sortent comme d'une maison de correction.

En Algérie, ils encombrent l'armée territoriale, gênent et retardent les Européens, car ils sont si peu aptes aux exercices du corps, malgré un bonne volonté incontestable, qu'ils entravent constamment la marche de l'instruction. On arrive encore à les traîner à la place d'exercices ou à la cible; mais l'armée a un autre but. A quoi servirait cet élément en temps de guerre? Nous n'hésitons pas à dire qu'il constituerait non-seulement une gêne et des embarras de toute sorte, mais un véritable danger. Une gêne, parce que ces gens ne pourraient jamais supporter les fatigues et les privations d'une campagne. Un danger, parce qu'ils sont très-peu braves. Ce n'est pas de leur faute, nous le reconnaissons:

> *Quin proclivius hic iras decurrat ad acres,*
> *Ille metu citius paulo tentetur,...*

a dit le poète; et il est certain que, parmi les hommes, les uns naissent avec l'âme du lion, les autres avec le cœur du lièvre. Peut-être que, par la suite des temps et la pratique de la vie militaire, cela se modifiera; mais, en attendant, ils sont de la seconde catégorie. Voit-on l'effet d'un obus éclatant au milieu de territoriaux israélites? Voit-on des Juifs de garde la nuit, par une nuit noire, à quelques pas de l'ennemi? A coup sûr, ces malheureux mourraient de peur, et une troupe gardée par eux ne serait guère en sécurité.

Voilà la vérité sur les Israélites algériens, et il n'est pas inutile qu'on la leur dise au moins une fois, ne serait-ce que pour les rappeler à la modestie, cette compagne du mérite. Ceux qui ne seront pas aveuglés par une vanité puérile et qui voudront bien descendre en eux-mêmes, reconnaîtront la justesse et la modération de nos critiques. Qu'ils tâchent d'en faire leur profit. Ils ont été trop gâtés par la flatterie, dans ces dernières années. D'autres les ont attaqués avec trop de passion. Ils ont, nous avons plaisir à le répéter, de grandes qualités : ils sont, en général, rangés, actifs, intelligents, et possèdent, à un haut degré, le sentiment de la famille. Ce sont là d'excellents éléments ; qu'ils se mettent en mesure d'acquérir ce qui leur manque, pour mériter le titre qu'on leur a octroyé, et, à cet effet, qu'ils se dépouillent de leurs préjugés et entrent, résolument, dans la civilisation du pays qui les a adoptés et les a arrachés à l'oppression et à l'abaissement.

CHAPITRE VI

LA POPULATION INDIGÈNE

Nous avons, dans le chapitre précédent, suivi pas à pas l'accroissement de la population européenne, en Algérie, et apprécié la situation des étrangers et des Israélites dans ce pays. Il nous reste à parler de la population indigène.

On comprend que, tant que nous n'avons pas été maîtres partout, il était impossible d'évaluer un peu exactement son chiffre. En 1851, un recensement, fait avec soin par les Bureaux arabes, établit que la population indigène s'élevait à 2.323.855 âmes se décomposant comme suit :

Province d'Alger	756.267
— d'Oran	466.157
— de Constantine	1.101.421
Total	2.323.855

Mais il ne faut pas se dissimuler que ce sont là des chiffres approximatifs, car nous ne possédions pas, alors, la Kabilie, et nos données sur le Sud étaient fort incomplètes.

Voici les résultats des dénombrements qui ont suivi :

Recensement de 1856 :

    Indigènes des villes.................. 123.250
    —   — campagnes............ 2.184.099
                       Total........ 2.307.349

Recensement de 1861 :

    Indigènes des villes.................. 358.760
    —   — campagnes............ 2.374.091
                       Total........ 2.732.851

Recensement de 1866 :

    Nombre total...................... 2.680.024

Recensement de 1872 :

    Nombre total...................... 2.125.052

Recensement de 1877 :

    Nombre total...................... 2.472.129

Il résulte des chiffres qui précèdent que la population musulmane, qui avait augmenté sans cesse jusqu'en 1866, et diminué pendant la période 1866-72, par suite de la famine, des épidémies et de la révolte, est revenue à son chiffre normal d'environ 2.500.000 âmes. Il est certain que ces nombres sont des approximations, car un recensement exact, toujours difficile parmi des populations civilisées, devient presque impossible chez des gens instables et ayant une répugnance naturelle pour tout ce qui tend à une constatation quelconque. Néanmoins un fait subsiste, c'est que cette population se maintient à son chiffre, au lieu de se fondre comme on l'avait cru. En dépit de toutes les théories économiques, elle ne diminue pas encore à notre contact. Cela prouve, d'abord, qu'elle n'est pas opprimée et que, quoi qu'en puissent dire nos détracteurs, nous n'employons pas, à son égard, ces procédés barbares qu'on appelle le refoulement et la destruction par tous les moyens. Il faut même reconnaître que l'indigène est matériellement plus heureux qu'avant la conquête, que ses produits ont décuplé de valeur et que celui qui veut travailler et sait avoir de l'ordre arrive promptement à une situation qui, dans son milieu, est la fortune.

Mais nous, conquérants, quel enseignement devons-nous tirer de la constatation de ce fait grave que la population indigène se conserve intacte en face de nous ? La conséquence logique est que, pendant de longues années encore, nous serons tenus à une grande prudence, car nous sommes, ici, en retranchant les Juifs de notre nombre, dans la proportion d'un Européen pour sept indigènes. Il ne faut pas se le dissimuler, cette disproportion constitue un danger permanent qui diminuera au fur et à mesure de l'augmentation de la population coloniale. Quand nous serons ici un million de colons, le danger aura disparu ; jusque-là, il est de notre devoir d'être sages et habiles.

Cependant, aucune hostilité ouverte ne se manifeste contre nous ; car le manque de sécurité porte encore plus sur les indigènes que sur les colons.

Européens et Arabes se rencontrent dans les villes, sur les routes et dans les marchés et concluent ensemble des transactions importantes, comme peuvent le faire les citoyens d'une même nation. Les agents de l'administration sont respectés, les emplois de toutes sortes sont recherchés par les indigènes ; en un mot, tout paraît être dans le plus grand ordre. Il est certain que les Arabes ne songent pas à se révolter en ce moment ; mais il est non moins certain qu'aucun rapprochement moral ne s'est opéré entre les deux races et que les indigènes n'ont pas fait un pas vers l'assimilation. Ici un mur nous sépare : la religion. Le calme actuel n'est donc qu'une trêve et il ne faudrait qu'une occasion pour qu'il se transformât en tempête. Il s'agit, pour nous, de maintenir l'état de trêve le plus longtemps possible, car nous nous affermissons chaque jour et rendons le succès d'une révolte de plus en plus difficile.

Si les indigènes raisonnaient comme nous, ils se rendraient compte que, même dans des conditions favorables pour eux, c'est-à-dire avec l'appui d'une puissance étrangère, ils auraient bien peu de chances de triompher de nous d'une manière définitive ; mais, qu'en admettant même qu'ils réussissent, ils ne pourraient qu'y perdre et y perdre beaucoup, étant absolument incapables de reconstituer une nationalité qu'ils n'ont plus et de se donner un gouvernement sérieux et durable. Ils redeviendraient la proie de l'anarchie et retomberaient, avant peu, sous une domination étrangère qui pourrait bien être moins équitable et moins paternelle que la nôtre. Malheureusement, ils ne raisonnent pas, ne prévoient rien et se laissent aller au gré des évènements en répétant avec une foi sincère : « Certes Dieu a la puissance d'exécuter tout ce qu'il veut (1) ! » Il en résulte que l'homme n'a qu'à se tenir prêt à être l'instrument de la destinée et que rien ne doit le surprendre.

C'est ce qui explique que des hommes qui nous avaient fidèlement servis, nous donnant des preuves non équivoques d'amitié et de dévouement, comme Mokrani, pour ne citer qu'un des principaux, des hommes que nous avions enrichis et comblés d'honneurs, qui avaient acquis des propriétés qui auraient dû, à défaut d'autre mobile, être le gage de leur fidélité, des hommes qui étaient venus en France, avaient vu de près les ressources dont nous disposons et avaient même pris quelques-unes de nos habitudes civilisées, parfois même de nos vices, se sont, un jour, tournés contre nous et nous ont combattus avec acharnement. Ils ont cru que l'heure était venue et ont jugé, malgré la folie de l'entreprise, qu'ils ne pouvaient se mettre en lutte contre l'arrêt du destin.

Si des chefs, dans les conditions que nous avons

(1) Koran.

énumérées, ont agi ainsi, que pouvons-nous attendre de la plèbe, chez qui la révolte est une tradition, car, avant notre arrivée, les choses se passaient absolument de la même manière ? Les indigènes ne savent pas résister aux incitations de la violence ; ainsi, il arrive fréquemment que des voisins qui n'avaient entre eux aucun motif de haine, se prennent de querelle pour une cause futile : un animal qui a pénétré dans un pâturage, un enfant qui a fait une niche... on s'injurie de part et d'autre, l'un ramasse une pierre, l'autre tire son couteau ; les amis accourent, on en vient aux mains, et, en quelques instants, plusieurs cadavres gisent à terre, et ces meurtriers sont des parents, des frères des victimes, dont ils n'avaient nullement prémédité la mort. Ce n'est que par une longue pratique que l'on peut arriver à comprendre le caractère de ces gens, dont l'excessive mobilité nous confond.

De ce qui précède, nous ne concluons pas que l'Algérie soit sous le coup d'un péril inéluctable. Nous signalons le danger, rien de plus, et nous espérons qu'il ne se produira jamais de révolte des Arabes. Que notre administration soit toujours sur le qui-vive ; qu'on suive à l'égard des indigènes une politique raisonnable et ferme, en leur donnant de bons chefs et en évitant de les laisser livrés à eux-mêmes, et, peut-être, atteindrons-nous, sans secousses, le moment où la population européenne sera assez nombreuse pour enlever à une insurrection toute possibilité de devenir générale.

Cette situation expectante de l'indigène, vis-à-vis de nous, cette absence de fusion, viennent d'être signalées en très-bons termes par M. Sergent, dans un remarquable article publié par l'*Evènement*. « Le mariage mixte », dit-il, « condition essentielle de la fusion des races annoncée avec tant de fracas, n'est pas pratiqué en Algérie..................

« Enfin, il semble évident que, si les indigènes avaient quelque tendance à s'assimiler, si les efforts faits dans ce sens avaient produit quelque effet, on verrait le nombre des demandes en naturalisation, que le décret du 16 août a rendues si faciles et si peu onéreuses, se multiplier et croître rapidement d'année en année. Il n'en est rien : le nombre des indigènes musulmans naturalisés s'est élevé à dix-sept en 1876...

« Quelles considérations pourrait-on ajouter à l'éloquence de ces chiffres ? Est-il possible encore de subordonner aux théories assimilatrices, la politique de la France et le développement de l'immigration ?

« Est-ce à dire que l'on doive repousser les indigènes algériens de la cité française ? — Loin de là ; ceux qui se sentent dignes ou simplement désireux d'y entrer n'ont qu'à demander leur naturalisation ; quant aux autres, à ceux qui la refusent et la redoutent, pourquoi leur en attribuer, malgré eux, et souvent à nos dépens, les bénéfices et les privilèges ? Telle a été la politique d'assimilation, la plus stérile et la plus dangereuse des politiques en matière coloniale ».

En l'état actuel, le rôle des indigènes, au point de vue économique, est considérable. Presque toute la production des céréales et l'élève des troupeaux sont entre leurs mains. Malgré leurs procédés primitifs, ils produisent les grains et les bestiaux. Qui donc, si ce n'est les Arabes, pourrait vivre dans les hauts-plateaux, si froids en hiver, si chauds en été, manquant d'eau et de bois ? Ils y vivent et y élèvent ces magnifiques moutons que l'on voit amener en été, par bandes énormes, et conduire vers le littoral pour l'embarquement. Ils y élèvent aussi les chameaux sur lesquels ils apportent leurs laines dans les marchés et remportent du grain pour leur subsistance. Peut-être arrivera-t-il un jour où les Européens exploiteront eux-mêmes les hauts-plateaux, au moyen du mouton, comme les fermiers d'Australie. Mais ce jour est encore bien éloigné et il est heureux, en attendant, que les Arabes en tirent parti.

Et cependant l'indigène est un triste éleveur qui devrait bien améliorer sa manière de procéder ; mais il faudrait, pour cela, changer ses habitudes, et c'est ce qu'il ne veut pas. Ainsi, jamais on ne lui fera comprendre qu'il doit avoir des réserves pour nourrir ses bêtes et des abris pour les garantir pendant les mauvais temps : chevaux, ânes, bœufs, moutons, chèvres, doivent trouver, dehors, leur nourriture et coucher à la belle étoile. Seuls, les chevaux de selle sont bourrés d'orge et couverts d'un chaud *djelal* (camail), et les bêtes qui labourent reçoivent un peu de paille. Quand il fait beau et que l'herbe pousse de bonne heure, tout est pour le mieux et les troupeaux prospèrent ; si l'herbe est rare, le troupeau maigrit, et, quand l'hiver est rude, ce qui arrive de temps en temps, et que la neige couvre pendant plusieurs jours les montagnes et les vallées, les moutons, glacés par les intempéries et n'ayant absolument rien à manger, crèvent en masse. Il arrive qu'après une période d'une dizaine de jours de mauvais temps continu, les quatre cinquièmes d'un troupeau ont péri ; si la pluie persiste, les bêtes à cornes font comme les bêtes à laine. Le maître de ces biens regarde mélancoliquement les cadavres de ses animaux et se dit que Dieu, l'ayant voulu ainsi, il n'y a pas à se révolter contre ses décrets. Quant à prendre la résolution d'être plus prévoyant à l'avenir, jamais. Son père procédait ainsi, ses fils feront de même.

Pour la culture des céréales, c'est encore la même indifférence, la même indolence qui dirige tous ses actes. On détermine un petit emplacement dans lequel on jette la semence ; on laboure ensuite, au moyen d'une petite charrue qui écorche la terre, plutôt qu'elle ne la retourne, en respectant avec soin chardons et buissons ; puis, l'on attend avec patience que Dieu fasse pousser la récolte, sans plus s'en occuper. Au mois de juin, la moisson commence ; on scie l'épi tout en haut de sa tige ; la plus grande partie de la paille, restée dans le champ, est, au fur et à mesure, foulée aux pieds et gâtée par les bestiaux, sans aucun profit. Les épis, réunis par paquets d'une poignée, sont portés sur l'aire, où on les dépique sous les pieds des chevaux. Quand la brise se lève, on la charge de séparer le grain de la paille en lançant le tout en l'air, et, enfin, la récolte est faite.

On le voit, rien de plus primitif que cette agriculture, et cependant, on obtient, par ces moyens, les quantités de grains que nous avons indiquées ci-devant. Et, quand les récoltes sont bonnes pendant plusieurs années de suite, l'argent regorge entre les mains des indigènes, car ils ont peu de frais ; ils cherchent alors à acheter des terres et, dans certaines années, notamment en 1875, on les a vus acquérir bon nombre d'anciennes concessions. Les moins prévoyants dépensent simplement le produit de leur récolte en futilités, et, quand les mauvaises années arrivent, tous sont dans la plus grande gêne ; ils vendent à vil prix ce qu'ils ont acheté très-cher, ou vont emprunter aux Juifs, à des taux usuraires, sans songer à la façon dont ils rembourseront ; à l'échéance on renouvelle, la dette fait boule de neige et, bientôt, jugements et saisies pleuvent sur le malheureux arabe, riche, alors que les récoltes étaient bonnes, et maintenant ruiné.

Le propriétaire indigène, ne possédât-il qu'une mince *Djorra* (périmètre de culture), ne cultive pas par lui-même ; il prend un *khemmas*, colon partiaire, auquel il fait une petite avance en argent et en grain, remboursable à la récolte suivante. Il lui confie une charrue attelée, lui fournit les grains de semence et le charge de labourer le terrain cultivable par une charrue, soit une dizaine d'hectares, environ. A la récolte, on lui adjoint un aide pour la moisson et, quand tout est terminé, il reçoit un cinquième (1) des grains produits. La condition du khemmas est donc fort précaire, car les avances qu'on lui fournit tant pour rembourser son précédent patron que pour vivre, absorbent en grande partie sa part de récolte, et ce paria des champs est toujours en retard et dans la misère.

Lorsque le terrain est plus grand et que le propriétaire ne peut monter le nombre suffisant de charrues, il s'entend avec des *fellah* (cultivateurs), sortes de tenanciers qui lui paient un fermage ou lui

---

(1) *Khoms*, d'où le nom de Khemmas, homme qui travaille pour le cinquième.

donnent une part dans la récolte. Le fellah prend lui-même un khemmas ; c'est donc à ce dernier, exclusivement, qu'incombe le soin de mettre en culture les terres.

La colonisation française emploie largement les indigènes et serait fort embarrassée si elle était subitement privée de cet élément qui laisse bien à désirer, mais qui ne coûte pas cher. Non seulement les Arabes travaillent comme fellah et comme kemmas chez les colons, mais encore ils prennent souvent à ferme les terres des Européens et leur servent quelquefois des fermages considérables. Enfin, ils leur fournissent des bergers pour leurs troupeaux, s'établissent auprès des fermes et gardent de jour et de nuit leurs bestiaux, moyennant un salaire modique en argent ou en nature. Des journaliers nomades, presque tous kabiles, viennent, en outre, au moment des grands travaux, louer leurs services comme faucheurs ou moissonneurs.

La constitution de la propriété individuelle amènera-t-elle un grand changement dans la situation des indigènes ? Nous ne pensons pas qu'il sera aussi important qu'on se plaît à le croire. Le réel avantage de cette mesure sera de rendre les terres disponibles ; mais, pour les Arabes qui les occupent, le profit ne sera pas considérable. En effet, le pauvre khemmas à qui l'on délivre huit ou dix hectares de terre, souvent loin de l'endroit qu'il habite, ne sait qu'en faire, parce qu'il n'a pas le moyen de cultiver sa parcelle ; il la vend donc, et à vil prix, ainsi que cela a eu lieu pour les premiers titres délivrés, et continue à être khemmas comme devant. Seul, le fellah peut profiter de son lot; c'est ce qui avait lieu précédemment, car les terres occupées par une tribu étaient réparties entre ceux qui pouvaient les cultiver, chacun conservant sa djorra et se la transmettant, quelquefois, de père en fils, jusqu'au moment où, par suite d'une catastrophe, la djorra restait plusieurs années inculte. Le possesseur perdait, alors, le droit résultant pour lui de la culture antérieure, ce qu'ils appelaient du chaume (*keçob*), et son terrain passait à un autre.

Ces questions de possession de fait ont donné lieu, dans ces dernières années, à des discussions nombreuses entre indigènes, car il s'agissait de ne pas laisser périmer ses droits, au moment où le commissaire enquêteur allait se transporter sur les lieux pour appliquer la loi. Les Cadis tranchaient ces questions et les parties pouvaient faire appel de leurs sentences devant nos tribunaux, ce qui était une grande garantie. Mais, par une circulaire datant du mois de décembre 1878, le général Chanzy, fort mal inspiré, a retiré aux Cadis le droit de statuer sur ces contestations, pour le confier aux Djemâa (conseils des tribus), qui les tranchent administrativement, *sans appel*. On se rend facilement compte des abus de toute sorte qui résultent d'un droit si exorbitant. Et pourtant, ce sont ces décisions des Djemâa, rédigées d'une manière informe par des *Taleb* (écrivains) qui en font le commerce, qui serviront de base pour la répartition à faire par le commissaire enquêteur.

Dans le Tell, l'application de la loi constitutive de la propriété est fort délicate; mais, dans les régions voisines des hauts-plateaux, là où les tribus, semi-nomades, occupent des espaces souvent considérables et nullement définis, elle sera plus difficile encore. Là, les tribus qui sont allées, avec leurs troupeaux, passer l'hiver dans le Sahara, reviennent au printemps pour faire leur station d'été et cherchent, pour cet estivage, les localités qui ont de l'herbe; c'est-à-dire qu'elles ne reviennent pas toujours au même endroit et, qu'en outre, elles changent de place pendant le cours de l'été. Comment faire concorder ces usages, qui sont le résultat des conditions économiques du pays, avec une propriété régulièrement constituée? Ce n'est pas impossible, mais il y a des précautions à prendre et l'administration fera bien d'en tenir compte.

Il est inutile de dire qu'aux environs des centres et dans les pays Kabiles, la propriété n'étant pas collective, la loi n'aura d'autre effet que de constater les droits, déjà bien définis, de chacun.

La question des noms patronymiques qui se lie étroitement à celle de la constitution de la propriété, présente aussi certaines difficultés. Là, encore, la sanction du temps est nécessaire, et il ne faudrait pas espérer qu'on arrivera, d'emblée, à un résultat absolu.

Nous avons parlé de la situation du propriétaire indigène, cultivateur ou fermier dans le Tell et les hauts-plateaux. Disons quelques mots d'une population intéressante entre toutes, celle de la Grande-Kabilie. Nous avons vu (1) que la race berbère, rompue par l'invasion des tribus arabes hilaliennes, au onzième siècle, s'est laissé, en partie, arabiser et a formé de nouvelles tribus qui ont oublié leur origine. Ce fait a été constaté, d'une manière caractéristique, par l'historien Ibn-Khaldoun, à la fin du quatorzième siècle. « Une fraction des Oulhaça (tribu berbère) », dit-il (2), « est celle qui habite la plaine de Bône ; elle a des chevaux pour montures, *ayant adopté non-seulement le langage et l'habillement des Arabes, mais encore tous leurs usages* ». Et plus loin (3) : « Il se trouve des Houara (autre tribu berbère), sur les plateaux, depuis Tebessa jusqu'à Badja. Ils y vivent en nomades et sont

---

(1) Chap. I, p. 6.
(2) Trad. de Slane, t. I, p. 230.
(3) *Ibid.*, p. 278.

comptés au nombre des Arabes pasteurs de la tribu de Soléïm, auxquels, du reste, ils se sont assimilés par le langage et l'habillement, ainsi que par l'habitude de vivre sous la tente. Comme eux, aussi, ils se servent de chevaux pour montures, ils élèvent des chameaux, ils se livrent à la guerre et ils font régulièrement la station du Tell dans l'été et celle du Désert dans l'hiver. *Ils ont oublié leur dialecte berbère, pour apprendre la langue plus élégante des Arabes et à peine comprennent-ils une parole de leur ancien langage* ».

Voilà ce qui se passa en Berbérie dans les pays ouverts ; cette transformation continua à s'opérer lentement depuis l'époque d'Ibn-Khaldoun et tout le pays prit la physionomie arabe qu'il a maintenant (1). Seuls, les cantons reculés et les montagnes élevées restèrent comme des témoins de l'état antérieur, et c'est là qu'on retrouve la race, la langue et les mœurs berbères. Parmi ces témoins, le principal est la Grande Kabilie qui, limité, au Nord, par la mer et, au Sud, par une chaîne de montagnes escarpées, a su conserver sa physionomie originale et éviter l'action de la *civilisation* arabe.

La Grande Kabilie formait, avant la conquête, une confédération de tribus qui savaient, à un mo-

(1) Nous avons essayé de donner le tableau de cette transformation dans notre *Histoire de l'établissement des Arabes dans l'Afrique septentrionale*, 1875. Marle-Challamel. 1 vol. in-8 avec deux cartes.

ment donné, s'unir pour la défense commune, mais qui, après le départ de l'ennemi, étaient continuellement déchirées par des guerres intestines. Une connaissance superficielle du pays avait, d'abord, fait croire que les Kabiles vivaient en république, comme nous entendons cet état, et l'on avait vu, dans l'élection des Djemâa, le caractère de la démocratie. C'était, en effet, une république, mais sans l'idée supérieure de la patrie, sans l'unité des lois et sans gouvernement, chaque village s'administrant à son gré, ayant ses coutumes spéciales et restant étranger, sinon hostile, à ses voisins. Nous avons caractérisé cet état sous le nom de communalisme et nous pensons que c'est bien l'épithète qui lui convient. Quant aux élections de la Djemâa et de l'Amin, elles n'étaient, la plupart du temps, que le triomphe à main armée d'un des clans, ou *sofs*, divisant le village.

MM. Hanoteau et Letourneux, dans leur bel ouvrage sur la Kabilie (1), ont parfaitement analysé ces conditions. « Les instincts municipaux », disent-ils, « si prononcés chez les Kabiles, paraissent communs à toute la race berbère. Partout où elle a échappé à la domination étrangère, nous la trouvons organisée en petites républiques groupées par fédérations de peu d'étendue ». Et plus loin : « Cette passion d'égalité et d'indépendance qui do-

(1) L'Algérie et les coutumes Kabyles. 3 vol. Imp. nat., 1872.

mine la société berbère est trop vivace pour être de date récente. Elle a dû constituer, à toutes les époques, le caractère distinctif et le mobile dirigeant de la masse. Juste en principe et bonne dans de certaines limites, elle a été, croyons-nous, fatale à la masse. En poussant à un morcellement sans frein et sans mesure, elle a énervé les résistance et empêché, de tout temps, la constitution d'une nationalité forte et homogène. Peut-être ne faut-il pas chercher d'autres causes à la chute successive des dynasties berbères et à l'extrême facilité qu'ont eue tous les peuples conquérants à s'établir dans le Nord de l'Afrique (1) ».

C'est, croyons-nous, la première fois que ce pays a été jugé et apprécié exactement. D'autres écrivains s'étaient pris d'un bel enthousiasme pour le caractère des Kabiles et leurs institutions et nous les avaient présentés sous un faux jour (2). On avait célébré notamment sa loyauté parce que, après la conquête, quelques intrigants nous avaient déclaré, avec ce ton de sincérité auquel les Européens se laissent toujours prendre : « Vous nous avez vaincus par les armes; vous nous avez soumis : vous

---

(1) T. II, pp. 4-5.
(2) *Les K'baïls du Djerdjera*, par le capitaine Devaux. — *Les Kabyles et la colonisation de l'Algérie*, par Aucapitaine, — et même la *Grande Kabylie* de Daumas, ouvrage de haute fantaisie, comme tout ce qui est sorti de la plume facile du général.

pouvez, maintenant, compter sur notre fidélité ». On a pu voir, en 1871, ce que valaient leurs serments et se convaincre que, sous le rapport de la perfidie, ils ne le cédaient, en rien, aux Arabes les plus purs.

Une autre erreur qui s'est glissée dans le public et a pris, peu à peu, force de loi, consiste à croire que les Kabiles tiennent peu à leur religion et sont de mauvais musulmans. On ne sait trop de quelle façon de semblables contre-vérités peuvent naître et faire fortune, ou, plutôt, on ne le sait que trop : elles éclosent dans le cerveau de ces gens qui savent tout sans avoir rien vu. En effet, il est peu de contrées où les marabouts soient plus nombreux, où les zaouïa soient plus fréquentées et où les Khouan aient plus d'adhérents. Nous ne sachons pas, du reste, qu'aucune des prescriptions essentielles de la religion musulmane soit transgressée par les Kabiles. En quoi donc peut consister leur tiédeur ? Nous ne l'apercevons pas et nous connaissons des tribus arabes des hauts-plateaux qui sont beaucoup moins religieuses et pratiquantes qu'eux.

Nous ne saurions mieux faire que de citer encore, à l'appui de notre thèse, l'opinion de MM. Hanoteau et Letourneux : « On a souvent répété », disent-ils, « que les Kabiles sont mauvais musulmans, qu'ils tiennent peu à leur religion et l'on a conclu qu'ils étaient plus disposés que les autres musulmans à accepter notre domination. Quelques personnes ont été, même, jusqu'à dire qu'ils embrasseraient volontiers le christianisme ; d'autres, prenant leurs désirs pour des réalités, n'ont pas hésité à dire que cette conversion était prochaine et que des missionnaires catholiques n'avaient qu'à se présenter pour voir les populations accourir en foule, à leur voix, sous la bannière de la croix.

« Nous ne saurions partager ces illusions. Assurément, aux yeux d'un vrai croyant, les Kabiles peuvent ne pas être des musulmans irréprochables. . . . . . . Mais, en tout ce qui concerne le dogme et les croyances religieuses, leur foi est aussi naïve, aussi entière, aussi aveugle que celle des musulmans les plus rigides.

« Loin de les regarder comme plus favorables que d'autres à notre domination, nous les croyons, au contraire, plus hostiles . . . . . Le résultat le plus facile à constater de notre occupation, a été, sous le rapport religieux, une recrudescence de fanatisme, manifestée par des affiliations de plus en plus nombreuses aux associations religieuses (1) ».

Plus loin, parlant du pouvoir et de l'action des marabouts, les auteurs disent : « La foule crédule est toujours prête à leur accorder des pouvoirs surnaturels : cette croyance, une fois établie, leur ascendant devient vraiment considérable et peut agir

(1) T. I, pp. 310-311.

efficacement, à un moment donné, sur les populations. Comment, en effet, un Kabile pourrait-il ne pas respecter et surtout ne pas craindre un homme qui, d'un mot, peut le changer en femme, faire tomber la grêle sur ses récoltes ou lui infliger toutes les maladies ? (1) »

Mais, nous en avons assez dit pour permettre d'apprécier le côté moral du caractère kabile. Rendons-lui, maintenant, la justice qui lui est due : le Kabile est travailleur, actif et économe, et voilà en quoi il est de beaucoup supérieur à l'Arabe et au Berbère arabisé ; voilà pourquoi il a, en Algérie, un certain avenir.

La Grande Kabilie comprend une superficie de 365.904 hectares, habitée, en 1872, par une population de 275.809 âmes. C'est une densité très-forte, supérieure à celle de plusieurs de nos départements français. Et, cependant, le pays est pauvre ; aussi le Kabile, qui a atteint l'âge adulte ou est à peine sorti de l'enfance, quitte-t-il ses montagnes et se dirige-t-il sur nos villes, pour y exercer les petits métiers de décrotteur, de portefaix, de commissionnaire. Quand il est devenu homme, il s'engage, moyennant prime, dans les Turcos, ou va louer ses services comme terrassier ou ouvrier des champs. Rien de curieux comme de voir, à l'époque de la

(1) T. II, p. 89.

récolte du foin et des céréales, les bandes de Kabiles demi-nus qui descendent de leurs montagnes dans la plaine ou viennent s'entasser sur le pont de nos bateaux, à Dellis, à Bougie, à Djidjelli, pour aller travailler au loin. A ce moment, les villages kabiles ne renferment que les vieillards, les femmes et les enfants ; tous les hommes valides sont partis pour trois ou quatre mois.

Une industrie nationale en Kabilie, c'est le colportage. En tout temps les colporteurs partent par groupes de deux ou trois, portant sur leur dos un ballot contenant une petite pacotille : des drogues, de la verroterie pour colliers ; de petits miroirs ; de mauvais bijoux. Ils s'en vont, armés de deux bâtons pour éloigner les chiens, s'arrêtant de douar en douar et échangeant leur marchandise contre quelques poignées de laine que leur donnent les femmes. Ils parcourent ainsi toute l'Algérie, couchant à la belle étoile, se nourrissant comme ils le peuvent, bravant le soleil de l'été et le froid de l'hiver ; et, néanmoins, ils tentent encore la cupidité des voleurs, qui les assassinent parfois dans des coins reculés. De ceux-là, on n'entend plus parler et leur place reste vide au foyer ; quant aux autres, ils gonflent peu à peu leur ballot, à mesure que la pacotille s'écoule, et rentrent, ployés sous la charge de laine qu'ils portent sur le dos. Cette laine servira à faire des burnous qu'on ira, ensuite, vendre dans les marchés, car on ne reste pas inactif au village, et pendant que le mari est absent, la femme tisse, ce qui est peut-être aussi salutaire pour elle que de filer.

On comprend qu'avec de semblables habitudes, cette population soit prospère. La somme d'argent que tous ces hommes rapportent chaque année dans leurs montagnes est considérable, et l'on s'explique comment il se fait qu'ils aient trouvé si facilement la somme énorme que M. de Gueydou leur avait imposée à titre de contribution de guerre. Ceux-là aussi ont largement profité de la conquête française et n'auraient rien à gagner à notre départ du pays. Ils savent ce qu'il en coûte de se révolter et peuvent regretter, en outre de la perte de leurs douros, de nous avoir fourni l'occasion de nous établir dans la riche vallée de l'Ouad-Sahel, qui, sans leur folie, nous aurait encore été fermée pour longtemps.

En Kabilie, les propriétés ont une grande valeur et, par suite, sont très-morcelées. La propriété collective n'y existe pas, mais l'indivision y est poussée aux dernières limites, et il n'est pas rare de voir un olivier appartenant à une dizaine de personnes ayant des parts inégales. Les bestiaux y sont rares et laids. Les procédés de culture y sont incomparablement plus perfectionnés que chez les Arabes. Les arbres fruitiers garnissent les pentes des coteaux ; mais spécialement l'olivier, le figuier, la vigne y donnent, en abondance, de très-beaux fruits qu'on apporte aux marchés de nos villes ; les talus les plus rapides sont retournés à la pioche et reçoivent les semences des légumes.

Dans presque toutes les maisons, — car les Kabiles vivent dans des maisons en pierre, couvertes en tuiles, — se trouve un pressoir à olives. On y fabrique cette huile que les palais européens repoussent à cause de son goût fort et que les indigènes trouvent si bonne en raison même de ce goût qui provient de ce que les Kabiles laissent fermenter les olives avant de les presser, afin d'en extraire plus facilement l'huile.

La fabrication des vêtements, des nattes en halfa et des belles poteries vernies, rappelant un peu le vase étrusque, achève d'occuper les Kabiles et leurs femmes.

Tels sont, à grands traits, les caractères principaux de cette population intéressante à plus d'un titre, mais surtout par son industrie et son amour du travail. Nous représente-t-elle le type de l'ancienne population de la Berbérie, ou bien ses qualités sont-elles le résultat de l'influence du milieu, autrement dit une conséquence de l'âpreté du pays qu'elle habite ? Peut-être, en effet, devons-nous y voir un nouvel exemple de cette loi qui veut que les qualités de travail et d'économie se développent davantage chez les montagnards, peu gâtés par la nature ; autrefois, sans doute, le Berbère des plaines, ayant une vie plus facile, se laissait aller à la mollesse et perdait les vertus que son compatriote a conservées dans les montagnes du Djerdjera.

CHAPITRE VII

L'INSTRUCTION PUBLIQUE, LA VIE INTELLECTUELLE

Depuis quelques années, de grands efforts ont été déployés, en France, pour relever le niveau de l'instruction publique : les dotations des établissements ont été augmentées, les émoluments des professeurs améliorés, les méthodes perfectionnées, et il n'est pas douteux que notre pays ne recueille les fruits de ses sacrifices. L'Algérie républicaine a, depuis longtemps, marché dans cette voie, et l'on sait qu'elle tient un bon rang, proportionnellement au chiffre de sa population, pour le nombre des établissements d'enseignement et des élèves qui les fréquentent.

Jetons, à cet égard, un coup d'œil en arrière et suivons la marche des progrès réalisés.

En 1851, l'Algérie ne possédait qu'un lycée, créé par le décret du 21 septembre 1848, et comptant 230 élèves.

Les écoles primaires, au nombre de 230, étaient fréquentées par 12.766 élèves, dont 11.129 garçons et, seulement, 1.637 filles.

L'enseignement supérieur était représenté par trois chaires d'arabe, l'une à Alger (créée en 1836), l'autre à Constantine (1848) et l'autre à Oran (1850), et par trois *medraça*, ou écoles supérieures musulmanes, à Médéa, Tlemcen et Constantine.

Le décret de 1848 institua, à Alger, une académie, avec un recteur, ayant sous sa direction l'instruction publique, à l'exception des écoles arabes-françaises, qui restèrent soumises à l'autorité du ministre de la guerre.

Ces écoles furent créées par le décret du 6 août 1850 ; elles avaient pour but de recevoir ensemble des élèves indigènes et européens, sous la direction de maîtres français et d'adjoints musulmans. On fonda de grandes espérances sur cette institution, pensant qu'elle hâterait la fusion des races ; mais le résultat, sauf de rares exceptions, ne les justifia pas. Le moment, sans doute, n'était pas opportun.

Le même décret établit, à Alger, Oran, Constantine et Bône, des écoles pour les filles musulmanes. Des maîtresses françaises furent chargées de leur enseigner non-seulement notre langue, mais encore nos procédés de couture et d'industrie domestique. Là, encore, les espérances ne se réalisèrent pas, car les mœurs locales veulent que l'on marie et surtout que l'on fiance les filles très-jeunes, et, dès lors, elles ne doivent plus sortir. On n'eut donc que des enfants à peu près abandonnées, qui, très-souvent, tournèrent mal à leur sortie de l'école ; les autres en furent retirées trop jeunes pour avoir pu conserver des souvenirs utiles de leur éducation. Tant que les mœurs indigènes forceront les mères à vivre séquestrées, il n'y aura rien à faire sous ce rapport.

Au fur et à mesure de l'augmentation de la population et de la création de nouveaux centres, des écoles primaires furent ouvertes dans toutes les localités où l'agglomération était suffisante. Les maîtres laïques et les Frères de la Doctrine chrétienne fournirent le personnel enseignant pour les garçons. Dans les grandes villes, des institutions libres, laïques et congréganistes, contribuèrent à répandre l'instruction ; enfin, des collèges communaux furent successivement établis à Oran, Constantine, Bône, Philippeville, Blida, Médéa, Miliana, Tlemcen, Mostaganem, Setif. Par décret du 30 décembre 1876, le collège de Constantine a été érigé en lycée et l'on n'attend que l'achèvement de l'installation matérielle pour que la transformation soit effective.

Vers 1857, l'administration militaire s'occupa des moyens de fournir, à part, l'instruction secondaire aux indigènes, et, pour éviter tout contact entre eux et l'élément civil, on créa deux collèges impériaux arabes-français, l'un à Alger, l'autre à Constantine, et la direction exclusive en fut confiée à l'autorité militaire. Splendidement organisés, richement dotés, au moyen de centimes additionnels sur l'impôt arabe, ces établissements se trouvaient dans d'excellentes conditions pour réussir. Les directeurs, le personnel enseignant étaient parfaitement choisis. Les Caïds et fonctionnaires indigènes de tout grade reçurent, sous forme d'invitation, l'ordre d'y envoyer leurs enfants ; en même temps, il est vrai, on leur adressa des discours pour leur faire saisir tous les avantages qu'ils retireraient de ce sacrifice. Les Caïds se résignèrent et firent partir pour Alger et Constantine leurs enfants, comme s'ils les envoyaient en otage. Ces élèves, habitués à être gâtés comme le sont les enfants mâles des indigènes riches, trouvèrent très-dure l'obligation de se soumettre à une règle qu'on s'efforça de leur rendre la plus douce possible. Ils frayaient peu avec les petits européens et, au lieu de prendre part à ces jeux bruyants qui font pour l'enfance une si heureuse diversion à la contrainte de l'étude, ils se retiraient dans les coins, et, mélancoliquement assis par terre, devisaient la tête sur leux genoux, ou traitaient de sujets que leur immoralité précoce savait rendre inépuisables. Du reste, les pères ne cessaient de les réclamer et, quand ils en étaient séparés depuis deux ans, ils jugeaient que la preuve de leur dévouement à la France était suffisamment démontrée ; et puis, le moment n'était-il pas arrivé de donner une épouse à l'héritier de la famille ? Et l'enfant partait emportant dans sa tête quelques rudiments confus qu'il s'empressait d'oublier en quelques mois.

Il y eut, cependant, des exceptions, et l'on vit plusieurs enfants indigènes montrer une intelligence et une facilité d'assimilation étonnantes. Mais cela ne suffisait pas et, sans l'élément européen, les maîtres, pris de dégoût, se seraient vus forcés de renoncer à une tâche trop ingrate. En somme, les collèges arabes ne réussirent pas ; en 1871, comme ils n'avaient, pour ainsi dire, plus d'élèves indigènes, on les supprima et on les incorpora dans le lycée d'Alger et dans le collège de Constantine. Actuellement, les quelques indigènes qui se trouvent dans nos établissements d'instruction secondaire, y sont soumis aux règles générales, sauf en ce qui a trait à l'instruction religieuse, et ceux qui sont susceptibles d'assimilation en trouvent les éléments dans la vie commune avec nos enfants. C'est un simple retour à la logique et au bon sens.

En même temps que l'administration militaire fondait les établissements d'instruction secondaire pour les musulmans, elle multipliait les écoles primaires en pays arabe. Toutes les villes étaient déjà pourvues d'écoles de ce genre ; on en plaça dans les petits postes et l'on envoya, pour les diriger au milieu des indigènes, des maîtres français. La réussite ne fut pas plus complète, malgré les exhortations et les conseils adressés aux populations. Dans les villes où, cependant, la fréquentation de l'école n'offre aucune difficulté matérielle, on n'a jamais pu obtenir de résultats appréciables, sauf dans quelques cas particuliers tenant au caractère spécial des habitants et à la manière de procéder du maître. Ce fut bien autre chose dans les campagnes, où les impossibilités sont réelles, par suite de l'éloignement. En effet, sauf dans la région de la Grande Kabilie, où la population est assez dense, les tribus, fractionnées en douars de quelques tentes ou réunions de gourbis, occupent de très-vastes espaces et l'on ne peut demander à des parents de conduire, chaque jour, leurs enfants, à dix ou quinze kilomètres de distance. Et puis, les enfants, sauf chez les riches, sont occupés à la garde des troupeaux. La lettre publiée dernièrement par un algérien francisé, M. Abd-Allah, fait très-bien ressortir ces difficultés.

Dans les villes, c'est la négligence native de l'indigène, sa haine de tout ce qui est règle et demande un effort continu qui est la principale cause de l'irrégularité de la présence de l'enfant à l'école. Dans les campagnes, il y a, en outre, impossibilité matérielle. A cela, il faut ajouter la différence des mœurs, des usages, des pensées, avec lesquels les individus redoutent de se mettre en opposition, tout le monde n'ayant pas le courage de braver l'opinion publique. Enfin, pour les uns, comme pour les autres, il y a un motif, pour ainsi dire supérieur, c'est le sentiment religieux ; ils ont, contre nous, à cet égard, une prévention que rien ne peut vaincre, car elle prend sa source dans ce fanatisme étroit qui est le propre de la religion musulmane, et, s'ils se décident à faire apprendre quelque chose à leur enfant, ils préféreront que ce soit les prières de l'Islamisme et la sainte écriture du Koran.

Nous ne croyons donc pas qu'en ce moment, l'instruction donnée par nous aux indigènes, soit, comme on le répète depuis quelque temps, un moyen pratique de les amener à nous ; il faut attendre une génération au moins. M. Duponchel, à qui il a suffi de quelques semaines de séjour en Afrique pour étudier à fond la question algérienne, en outre de celle du trans-saharien, l'expose et la tranche *ex professo* dans les cinquante premières pages de son livre. « La question ainsi comprise », dit-il (1), « n'aurait pas été insoluble, et *par le peu* que j'ai pu voir des races indigènes dans mon voyage en Algérie, j'ai pu acquérir la conviction que rien ne serait plus facile que de transformer en Français les Arabes et les Kabiles, en leur imposant peu à peu nos mœurs, notre langue et nos lois civiles, tout en respectant leur foi religieuse ... » Nous ne sommes pas du tout de son avis et nous ne croyons pas que

(1) P. 51.

« rien ne soit plus facile » que de transformer un peuple en un autre, en lui imposant des mœurs, une langue et des lois qui ne sont pas les siennes, surtout si ce peuple est musulman et que l'on veuille « respecter sa foi religieuse ».

Ce fut également comme moyen de civilisation et pour servir en particulier aux indigènes, que le gouverneur général obtint, le 4 août 1857, la création d'une école secondaire de médecine et de pharmacie à Alger. On prononça, dans ce sens, de bien beaux discours d'ouverture, mais les élèves indigènes ne se présentèrent pas, et ce fut à grand'peine que l'on en réunit trois ou quatre auxquels on donna le logement et la pension au collège arabe, sans parler d'une foule d'autres avantages, en les dispensant, cela va sans dire, des examens d'admission. Depuis, le nombre des élèves indigènes n'a guère augmenté ; quelques-uns ont été reçus officiers de santé ou pharmaciens de deuxième classe, et l'on doit reconnaître que certains d'entre eux ont su, par leur travail et leur intelligence, se rendre dignes de ces titres. Mais, en résumé, c'est aux Européens, et, pour ainsi dire, uniquement à eux que l'école d'Alger a servi et sert encore.

Voici quelle est, actuellement, en Algérie, la situation de l'instruction publique, dont l'organisation a été réglée par le décret du 15 août 1875.

ENSEIGNEMENT SUPÉRIEUR.

1° L'école préparatoire de médecine et de pharmacie d'Alger. Le nombre des élèves qui ont suivi ses cours, en 1877, est de 77, dont 3 étrangers et 4 indigènes musulmans (1).

2° L'observatoire d'Alger (2) ;

3° Trois chaires publiques d'arabe : à Alger (37 élèves), Oran (21 élèves), et Constantine (30 élèves) ;

4° Et trois medraça, à Alger, Constantine et Tlemcen, dirigées par des maîtres musulmans, sous la surveillance de l'Académie et de l'administration. On y enseigne la religion, la grammaire et la jurisprudence musulmanes. Depuis 1876, des cours de français, d'arithmétique, d'histoire et de géographie y sont faits par des interprètes militaires. En 1877, les trois medraça réunies ont reçu 129 élèves. Ces écoles préparent, presque exclusivement, le personnel de la justice musulmane.

ENSEIGNEMENT SECONDAIRE.

1° Les lycées d'Alger et de Constantine, le premier comptant, à lui seul, plus de 1.000 élèves ;

2° Les collèges de Blida, Miliana, Médéa, Bône,

(1) *Etat de l'Algérie*, p. 35.
(2) Aux termes de la loi dernièrement votée par les Chambres, l'école de médecine et l'observatoire sont incorporés dans l'Institut algérien.

Philippeville, Setif, Oran, Tlemcen et Mostaganem ;

3° Un établissement d'instruction secondaire pour les filles, inauguré à Constantine le 5 janvier 1880. Les cours sont faits par des professeurs du collège, en attendant qu'un personnel féminin suffisant ait été trouvé.

ENSEIGNEMENT PRIMAIRE.

1° 687 écoles primaires dont 544 publiques et 143 libres, fréquentées par environ 51.000 élèves des deux sexes, avec une faible proportion en faveur des garçons ; sur ce chiffre, les indigènes ne comptent que pour 2.000 environ ;

2° 24 écoles arabes-françaises en territoire militaire ;

3° 12 écoles congréganistes pour les indigènes, établies en Kabilie, et, dans le Sud, à Laghouat et à Bouçâada ;

4° 2 écoles normales d'instituteurs, l'une à Alger et l'autre à Constantine, et une école normale d'institutrices à Miliana.

Il faut ajouter à cela une école des arts-et-métiers, en voie de création à Dellis.

Enfin, 163 salles d'asile, tenues par des Sœurs, reçoivent 17.600 enfants des deux sexes.

La population scolaire, sans compter celle des asiles, est d'environ 60.000 enfants, et encore, ce chiffre est-il, sans doute, dépassé maintenant.

On le voit, l'instruction publique est dans une situation satisfaisante en Algérie, et les succès qu'obtiennent nos jeunes gens dans les concours avec leurs camarades de France, prouvent leur intelligence et le talent de leurs professeurs.

Sur le rapport de l'honorable M. Paul Bert, la Chambre des députés a discuté, l'année dernière, le projet d'un établissement complet d'instruction supérieure à Alger. On a décidé la création d'une sorte de demi-faculté qui pourra être d'une grande ressource pour le développement intellectuel de l'Algérie. Malheureusement on s'est arrêté à un système mal défini et dont les désavantages ne tarderont pas à se faire sentir. En effet, les professeurs seront dans une position d'infériorité vis-à-vis de leurs collègues de France et, de plus, ils délivreront des diplômes de second ordre, sorte de basse-monnaie qui n'aura cours qu'en Afrique. Un député, membre de l'Enseignement, l'honorable M. Duvaux, a combattu avec force cette création hybride, en proposant d'établir une vraie faculté; les Algériens devraient lui savoir gré de ses paroles marquées au coin de la logique et du bon sens, et l'on a lieu d'être surpris que nos représentants ne l'aient pas soutenu et aient voté le projet. L'un d'eux, au contraire, a pris la parole pour approuver la création d'une classe de praticiens qu'on a appelés avec raison des sous-officiers de santé, innovation dangereuse, inutile et portant une atteinte directe à nos lois sur l'exercice de la médecine. Espérons qu'avant de passer à l'exécution, on ouvrira les yeux sur ces inconvénients.

L'occupation de l'Algérie a eu, entre autres résultats, celui de nous apprendre que nous ne connaissions rien, ou à peu près, sur l'ethnographie, la géographie et l'histoire de ce pays. Nos données à ce sujet étaient aussi vagues que fausses et, en mettant le pied sur cette terre, nous marchâmes d'étonnements en étonnements. Des esprits studieux se mirent aussitôt en devoir de résoudre le problème en reprenant les choses *ab ovo*. Le gouvernement, entrant dans cette voie, et voulant centraliser les efforts, se décida à renouveler ce qui avait été fait pour l'expédition d'Egypte. En 1839, il institua une Commission scientifique, formée d'hommes spéciaux, dans différents genres, et, quelques années après, l'imprimerie royale éditait seize beaux volumes in-8° dont voici les titres :

I. **Etude des routes suivies par les Arabes dans la partie méridionale de l'Algérie et de la régence de Tunis**, par M. Carette, officier du génie, secrétaire de la commission.

II. **Recherches sur la géographie, etc., de l'Algérie méridionale**, par le même.

III. **Recherches sur l'origine et les migrations des**

principales tribus de l'Afrique septentrionale, par le même.

IV et V. **Recherches sur la Kabylie proprement dite**, par le même.

VI. **Mémoires historiques et géographiques**, par E. Pellissier (l'auteur des *Annales algériennes*).

VII. **Histoire de l'Afrique** (ou plutôt de l'Ifrikïa), d'El Kaïrouani, traduction Pellissier et de Rémusat.

VIII. **Voyages dans le sud de l'Afrique** d'El Aïachi, traduction Berbrugger.

IX. **Recherches sur le Maroc**, par Renou.

X à XV. **Précis de jurisprudence musulmane selon le rite de Malek**, par Sidi Khelil, traduction Perron.

XVI. **Description de la régence de Tunis**, par Pellissier.

Des publications sur les sciences physiques, mathématiques et médicales, sur les beaux-arts et l'archéologie, complétèrent un ensemble de travaux auxquels on donna le nom d'*Exploration scientifique de l'Algérie*.

Les principaux sujets, on le voit, avaient été étudiés, et si ces ouvrages ne sont pas tous de première valeur, ou ne se trouvent plus à la hauteur des connaissances actuelles, ils rendirent, alors, de très-grands services. C'était la réalité succédant à la fantaisie. Les savants de France, les membres de l'Institut s'occupèrent, à leur tour, de l'Afrique, et l'on vit paraître les beaux travaux de MM. d'Avezac, Dureau de la Malle, Walcknaër, Hase, L. Rénier etc., qui firent connaître tout ce que l'antiquité et le moyen âge chrétien nous avaient laissé sur le pays. Restaient les auteurs arabes dont nous ne possédions que des fragments incomplets, qu'il était impossible de relier et de comprendre. On sentait qu'il y avait là une source précieuse d'information, mais, au demeurant, cette source était comme tarie. Ce fut alors qu'un savant interprète de l'armée, M. le baron de Slane, mort dernièrement, membre de l'Institut, fut chargé d'une mission littéraire en Orient, afin d'y rechercher ce qu'on y pourrait trouver des ouvrages des écrivains musulmans sur l'Afrique. Son voyage fut couronné de succès : il rapporta des manuscrits ou des fragments qui, corrigés et complétés les uns par les autres, lui permirent d'éditer le texte arabe entier de l'*Histoire des Berbères,* fragment important de l'*Histoire universelle* d'Ibn-Khaldoun, de la *Géographie* d'El Bekri, des *Extraits* d'En-Nouéïri et d'Ibn-Abd-el Hakem, etc. Quelques années après, paraissait une savante traduction de ces auteurs, par M. de Slane ; et maintenant, l'histoire complète de l'Afrique septentrionale, pendant le moyen âge, peut être reconstituée. L'ethnographie de ce pays a cessé d'être un problème insoluble.

Ces premiers travaux ont été suivis d'un grand nombre de publications sur l'histoire, la géographie, les mœurs, la linguistique des indigènes, ouvrages produits sur place par un groupe de travailleurs, que M. Renan, dans ses savants rapports annuels, a appelé : notre école algérienne. L'histoire naturelle et les sciences proprement dites ont fait aussi l'objet de travaux justement appréciés.

Il y a environ trente ans, M. Léon Rénier, le savant épigraphiste, vint en Afrique, visita nos principales ruines et réunit les éléments de son important ouvrage : *Les inscriptions romaines de l'Algérie*. Mais il ne suffisait pas d'avoir relevé toutes les épigraphes alors connues ; il fallait établir dans ce pays, si riche en souvenirs de l'occupation romaine, une institution qui continuât son œuvre et recueillît, jour par jour, les trouvailles que la colonisation allait faire. Sous son impulsion, la Société archéologique de Constantine fut créée. Composée, dès les premiers jours, des notabilités civiles et militaires de la province, cette société n'a cessé de prospérer. Elle a publié, chaque année, un volume de Notices et Mémoires (le XIX⁰ sort des presses), renfermant non-seulement le compte-rendu des découvertes archéologiques, mais encore des travaux sur l'histoire, la géographie et la linguistique des peuples de l'Afrique septentrionale. Ses publications lui ont mérité le prix d'archéologie au concours des sociétés savantes de France, en 1875, et une médaille d'or (grand-prix) à l'exposition universelle de 1878. (1) Ses volumes sont signalés et recherchés avec faveur dans toute l'Europe savante et jusqu'en Amérique.

(1) Elle vient encore de remporter le prix d'archéologie (médaille d'or) au concours de 1880.

En 1854, quelques hommes d'étude, ayant à leur tête M. Berbrugger, suivirent l'exemple donné par Constantine et fondèrent à Alger la Société historique algérienne qui, depuis lors, a publié tous les deux mois un fascicule d'environ quatre-vingts pages, intitulé : *Revue Africaine*. De très-bons mémoires ont été édités par cette revue qui continue à fournir aux travailleurs isolés le moyen de faire connaître le fruit de leurs recherches.

Vers le même temps, une société de ce genre s'est établie à Bône, sous le nom d'Académie d'Hippône. Après différentes vicissitudes, cette compagnie a repris le cours de ses travaux et se trouve maintenant dans une situation prospère, grâce au zèle et à la compétence des personnes qui la dirigent.

Le nombre et l'importance des matériaux publiés par ces sociétés sont considérables ; les historiens futurs du pays y trouveront des documents d'une valeur inappréciable et qui, sans cela, auraient été perdus pour toujours.

Alger possède une autre société, dite de climatologie, fondée depuis près de vingt ans. Elle publie un bulletin où sont traitées les questions plus particulièrement du domaine de la science et de l'anthropologie. Ses travaux sont estimés et lui ont conquis une place fort honorable dans sa spécialité.

Deux sociétés de géographie se sont établies dernièrement, l'une à Alger, l'autre à Oran. Ces créations sont encore trop récentes pour qu'on puisse faire autre chose que de les signaler.

A toutes ces associations formées dans le but de réunir les hommes qui aiment à s'élever au-dessus des préoccupations vulgaires de la vie, il faut ajouter la Société des Beaux-Arts, Sciences et Lettres d'Alger qui offre, non-seulement, une grande ressource pour l'enseignement et la pratique des arts proprement dits, mais encore sait joindre l'utile à l'agréable en donnant des cours et conférences scientifiques et littéraires, faits par des professeurs. Là, tous les goûts élevés trouvent satisfaction. Cette société est une des plus agréables créations qu'on puisse désirer ; elle est digne de la population intelligente qui a su l'instituer et la conserver en la perfectionnant.

Toutes les villes un peu importantes sont pourvues de bibliothèques publiques plus ou moins riches. De plus, dans beaucoup de localités, la ligue de l'enseignement organise et patronne des cours élémentaires et possède une bibliothèque qu'elle ouvre au public.

Dès les premiers jours de l'occupation, l'étude de l'arabe s'est imposée à nous comme une nécessité impérieuse. La connaissance de cette langue était alors fort peu répandue et il en résultait que tout le monde, administrateurs militaires et civils, magistrats, commerçants, colons, étaient forcés d'avoir recours à des intermédiaires dont le moindre défaut était, souvent, l'ignorance ; de là, des erreurs fâcheuses, des abus criants et des retards sans nombre. C'est pour répondre à ce besoin que des chaires d'arabe furent créées et que des primes furent données aux fonctionnaires qui purent justifier de la connaissance de cette langue.

Les livres spéciaux manquaient pour l'étude des idiomes ayant cours en Algérie. Un grand nombre de traités d'une valeur inégale furent publiés. Les professeurs placés à la tête des chaires se trouvèrent, par bonheur, être des hommes éminents et travailleurs. Ils pénétrèrent avec sagacité les dialectes locaux, les analysèrent, et firent paraître des travaux pratiques et judicieux. Actuellement, l'étude de la langue arabe est rendue facile, tant par l'abondance et la qualité des méthodes que par la multiplicité des cours. Et cependant nos jeunes Algériens ne s'y adonnent pas avec empressement, alors que la connaissance de cette langue leur donnerait tant de satisfaction et leur ouvrirait, pour ainsi dire, toutes les carrières. Il est vrai qu'il faut pour obtenir ce résultat beaucoup de travail et de persévérance ; aussi il arrive que la plupart de ceux qui ont tenté l'entreprise s'arrêtent en chemin.

Nous sommes donc forcé de constater ce fait que

les candidats qui se présentaient il y a une vingtaine d'années aux examens pour l'interprétariat étaient au moins aussi forts que ceux d'aujourd'hui, et que, si le niveau n'a pas baissé, il est à peine resté stationnaire. De plus, ces candidats sont presque tous des indigènes, israélites ou musulmans. Nos jeunes gens devraient en rougir. Ils sont bien doués et ont, pour cette étude, toutes les facilités théoriques et pratiques. Si donc ils ne réussissent pas, c'est peut-être qu'ils sont un peu paresseux. Les gens qui apprennent sans peine se reposent volontiers sur leur facilité et se découragent vite ; cette qualité devient ainsi un désavantage. C'est là leur cas ; de plus, on les flatte trop, de sorte qu'ils en arrivent à ne douter de rien et à croire qu'on peut savoir les choses sans les avoir apprises et que l'assurance peut remplacer la science. Nous leur signalons, en passant, ce travers qui suffit, à lui seul, pour ternir toutes leurs qualités.

La langue berbère a fait aussi l'objet de patientes recherches. En outre du dictionnaire kabile et chaouïa, publié par M. Brosselard, il y a une trentaine d'années, les travaux de M. Hanoteau sur le dialecte de la Grande Kabilie (1) et sur celui des Touareg (2), ont fait connaître le mécanisme de cet idiome qui ne s'écrit pas et dont les caractères, ou-

---

(1) *Essai de grammaire Kabyle.*
(2) *Grammaire tamachek't.*

bliés depuis longtemps, ne paraissent avoir jamais servi que pour des inscriptions. Ce n'est donc pas sans une grande surprise qu'on a pu entendre un honorable député demander, à la tribune, l'adjonction d'une chaire de littérature berbère à la faculté d'Alger. Malgré la publication des ouvrages dont nous avons parlé et de plusieurs autres manuels, la connaissance de la langue berbère est encore peu répandue chez les Européens qui ont déjà tant de peine à apprendre l'arabe ; et puis, les dialectes kabiles ne sont pas parlés partout, tandis qu'avec l'arabe, il est peu de localités où l'on ne puisse se faire comprendre.

Il n'est pas hors de propos, puisque nous sommes sur ce sujet, de parler d'une théorie née on ne sait où, et qui commence à trouver de l'écho dans des sphères diverses, puisqu'un conseiller général d'Oran a jugé opportun de l'exposer dernièrement aux voyageurs parlementaires. Pourquoi, disent les partisans de cette idée, faire apprendre l'arabe aux Français ? Pourquoi, plutôt ne pas forcer les Arabes à apprendre le français ? « Supprimons l'arabe », a-t-on dit en substance, « et que les indigènes s'arrangent comme ils le pourront ». Voilà ce qu'on peut appeler pousser la logique jusqu'à l'absurde. Ceux qui jugent ainsi doivent vivre dans un monde idéal pour oublier, à ce point, les conditions réelles du pays dans lequel il se trouvent. Qu'on fasse son possible pour apprendre notre langue aux indigènes, rien de mieux ; mais, en attendant qu'ils la sachent, nous nous trouvons en présence d'un état qu'on ne peut s'empêcher de constater : c'est que nous avons 2.500.000 indigènes à administrer et que les dix-neuf vingtièmes de ces gens ne comprennent pas le français. On peut donc décréter à cet égard ce que l'on voudra, cela n'y changera rien. Amener une nation conquise à oublier sa langue pour prendre celle du vainqueur ne se fait pas du jour au lendemain. Il faut pour cela l'œuvre du temps. Bien que les Arabes aient conquis l'Afrique septentrionale depuis 1.300 ans, leur langue n'est pas parlée par tous les Berbères, malgré cet auxiliaire puissant qui s'appelle le Koran. Nous nous en tenons à cet exemple.

Au demeurant, parler français aux indigènes algériens, dans les rapports officiels, en leur disant : « Comprenez si vous pouvez ! » serait joindre le ridicule à l'iniquité, n'en déplaise aux logiciens autoritaires. Ces moyens peuvent plaire à des Russes ou à des Prussiens ; ils sont en contradiction avec le génie de notre nation. Du reste, l'application de cette théorie, comme de tant d'autres, serait d'une impossibilité absolue.

Les gens qui puisent leur érudition à des sources de rencontre ne manqueront pas d'objecter : « Et cependant, les Romains n'imposaient-ils pas leur langue aux peuples conquis ? » On pourrait discuter longuement sur ce lieu commun ; nous nous contenterons de répondre par deux exemples topiques, le premier, pris dans notre propre pays, la Gaule, et, le second, dans l'Afrique même. Les Bretons, comme on le sait, parlent encore un idiome celtique, et l'on doit en conclure que, même après plusieurs siècles de domination romaine, le latin avait peu cours dans l'Armorique. Pour le second cas, nous renvoyons à cette lettre de saint Augustin à Crispinus, évêque donatiste, lettre dans laquelle il lui propose de faire traduire leurs sermons « en langue punique », pour que les indigènes puissent bien comprendre et se prononcer en connaissance de cause sur l'orthodoxie et sur le schisme (1). De quels indigènes est-il question ? De ceux des environs de Calama (Guelma), en plein pays ouvert, à quelques lieues de Bône. Bien mieux : ces gens sont chrétiens, mais ils ne comprennent que leur langue ; et cependant, les Romains occupaient l'Afrique depuis plus de cinq siècles.

Cela prouve, une fois de plus, qu'il faut être très-prudent dans ces assertions comparatives qui plaisent tant, en général, et sont si rarement justes. Qu'on nous pardonne d'avoir fait à cette opinion l'honneur de la discuter ; mais il faut étouffer l'erreur dès sa naissance, et nous avons vu tant d'ab-

(1) Lettre de 402, n° 66.

surdités réussir en ce pays, que nous avons cru utile de rompre cette lance.

Revenant à notre sujet, nous redirons que l'étude de la langue arabe est de première nécessité pour les Français d'Algérie et que sa connaissance devrait être exigée de tous les fonctionnaires, car, pendant de longues années encore, l'européen qui saura l'idiome du pays aura un avantage énorme sur celui qui l'ignorera. Et non-seulement les rapports d'administration lui seront rendus possibles, mais, avec la langue, il aura l'outil pour pénétrer l'esprit, les idées de ses administrés, seul moyen de pouvoir les dominer et les bien conduire. Quant aux indigènes, ce n'est que par la suite des temps et lorsque la population coloniale se sera insinuée partout au milieu d'eux, qu'ils commenceront à comprendre, d'une façon un peu générale, le français.

Il nous reste, pour terminer cette revue, à parler de la presse. Peu de temps après la conquête, des journaux se sont fondés dans les principales villes. Nous avons vu (1) que la presse algérienne a joué un rôle important dans la campagne entreprise, vers 1857, par les colons, pour la revendication de mesures propres à développer la prospérité de l'Algérie. Divers journalistes ont déployé un véritable talent et rendu de réels services en étu-

(1) Chap. II, p. 35.

diant, avec passion, le problème algérien. Leur programme contenait de fort bonnes choses ; il a été, en partie, appliqué depuis et l'on a pu voir à l'essai quels étaient les points faibles. Par malheur, les déductions que la logique indiquait n'ont pas été tirées ; on n'a pas su profiter de ces enseignements ; les choses sont restées, pour ainsi dire, en l'état et aucun programme nouveau n'a été fait.

Le nombre des journaux politiques a constamment augmenté ; il est actuellement de plus de trente, ce qui est raisonnable pour une population européenne d'environ 350.000 âmes. Comme valeur, le journalisme algérien a-t-il gagné, et l'héritage des publicistes d'il y a vingt ans n'a-t-il pas dépéri ? Cette question nous amène sur un terrain brûlant, car, de nos jours, la presse constitue une terrible puissance qu'il est rarement profitable de braver. Eh bien ! nous n'hésitons pas à le dire, la presse algérienne, — sauf d'honorables exceptions pour lesquelles réserve expresse est faite, — n'est pas en progrès.

Son premier défaut est de faire beaucoup trop de politique européenne et, conséquemment, de négliger, dans les mêmes proportions, l'étude des questions si intéressantes et si diverses propres au pays. Certes, nous sommes, avant tout, Français, et nous devons suivre, avec la plus grande attention, les affaires de notre pays ; mais les journaux de France, que l'on trouve partout, nous donnent ces nouvelles beaucoup plus complètes et plus détaillées que ceux d'Algérie. Au lieu de remplir leurs colonnes de choses comme le cas de M. Humbert et autres histoires qu'ils n'ont que la peine de découper dans les grandes feuilles, nos journalistes feraient mieux d'étudier ce qui touche à l'administration, à l'économie politique, à l'agriculture, à l'histoire de l'Algérie. La plupart, il est vrai, n'ont pas d'opinion bien assise sur ces questions et se contentent, à cet égard, de répéter des formules et de rééditer des clichés usés depuis vingt ans. C'est plus commode ; on ne risque pas de heurter l'opinion et l'on flatte les dadas de ce bon public à qui on peut tout faire accepter en y mettant des formes.

Le second reproche à lui adresser est de manquer trop souvent de dignité, d'employer des procédés de polémique d'une violence que rien n'égale et de s'occuper beaucoup trop de questions personnelles. Que l'individualité ou le groupe qui patronne un journal soit en opposition sur un point ou en rivalité électorale avec une autre personne ou un autre groupe; et, aussitôt, les injures, les calomnies, de pleuvoir de part et d'autre. On ne démontre pas à l'adversaire qu'il est dans l'erreur, on le dénonce comme un fourbe, un infâme couvert de tous les crimes. Et le public suit cela d'un œil indifférent ; il se dit que l'ambition de tel ou de tel lui importe peu;

et cependant, il a tort, car cette boue que les adversaires se jettent à la face rejaillit trop souvent sur la galerie, et il est difficile d'assister à ces pugilats sans recevoir quelque horion.

Sous l'empire, la population, unie par la même aspiration, vivait en très-bonne intelligence en pratiquant la tolérance que des concitoyens se doivent les uns vis-à-vis des autres et la solidarité qui, dans un pays neuf, est une nécessité. Il a fallu l'avènement de ce régime démocratique, si ardemment désiré, pour amener ces déchirements.

On dira que ces excès sont inévitables dans les républiques ; que c'est la conséquence forcée de la participation de tous les citoyens à la vie politique ; on citera l'exemple de la Grèce, de l'Amérique, de l'Angleterre. Cette justification négative nous laisse froid. Non, ce n'est pas de cette façon que nous comprenons la presse et nous persistons à penser que les Français d'Algérie, qui sont une poignée en face d'un nombre presque égal d'étrangers et de plusieurs millions d'indigènes, devraient se dispenser de donner ce triste spectacle, et qu'au lieu d'user leurs forces dans des luttes stériles qui n'ont d'autre point de départ que des ambitions personnelles ou des intérêts privés, ils feraient beaucoup mieux de se réunir pour travailler à la prospérité du pays.

Quel magnifique rôle aurait la presse si, au lieu de servir les haines et les convoitises, elle employait son immense force à instruire, à encourager les colons, à détruire les germes de discorde naissant parmi eux, à éclairer l'Administration !... Nous sommes loin de cet idéal. Il est vrai qu'il est beaucoup plus profitable de flatter les préjugés que de les combattre ; qu'il est beaucoup plus facile de prendre une idée toute faite que de s'en former une par le travail et la réflexion ; et qu'enfin, pour beaucoup de folliculaires, le journalisme n'est qu'un métier, quand il n'est pas un moyen.

Tout cela est fort bien ; mais, ce que l'on ne comprend pas, c'est que le public se laisse ainsi mener sans s'apercevoir qu'il tend lui-même le cou au joug et devient la victime d'une véritable tyrannie. Pauvre peuple qui croit avoir échappé au despotisme et qui se soumet volontairement à la servitude ! En effet, le premier résultat de ces violences est d'écarter des affaires publiques les hommes paisibles qui ont souci de leur dignité et de laisser le champ libre aux politiciens. C'est un grand danger en république que l'abstention des citoyens éclairés et l'abandon de la direction aux intrigants ; c'est l'écueil des démocraties : l'histoire en fait foi.

Nous parlions tout à l'heure des Etats-Unis. Que ceux qui, sur la foi des traités, regardent la république américaine du Nord comme le pays de l'âge d'or, méditent sur les excès qui sont l'accompagnement obligé de toute élection. Les passions, surexcitées par des feuilles vendues, s'élèvant à un paroxysme qui tient de la rage ; les intérêts les plus sacrés du pays foulés aux pieds ou servant de machine de guerre pour capter les suffrages ; corruption, mensonge, pression sous toutes les formes, luttes par les armes... tous les moyens sont bons pour fausser l'élection et enlever la victoire. Après le succès, il faut récompenser les agents qui ont fait réussir, et, bientôt, tous les postes, toutes les faveurs se distribuent aux amis, sans que l'aptitude ou la moralité de la personne y soit pour quelque chose. Voilà ce qu'est devenue l'élection là-bas (1). Or, ce n'est pas en vain que les nations, comme les individus, se font un jeu des principes immuables de la morale et de la justice, et il est impossible que ces excès n'aboutissent à de nouveaux et prochains déchirements en Amérique.

Nous n'en sommes pas là heureusement, car, chez nous, un grand fonds de bon sens et de modération ne permettrait pas à de tels usages de s'acclimater. Mais de mauvaises habitudes tendent à se prendre et c'est à l'opinion publique à rappeler aux politiciens qui s'écartent des règles de la justice qu'ils n'ont qu'un droit, celui d'être honnêtes et modérés.

(1) Voir les détails des élections générales de 1878 et notamment la lutte à propos du général Butler, futur candidat à la présidence des Etats-Unis.

CHAPITRE VIII

LA JUSTICE, LA SÉCURITÉ

Le 9 septembre 1830, un arrêté du général commandant en chef créa, à Alger, un tribunal composé de plusieurs juges et d'un greffier (1). Dans les nouvelles villes, on installa des juges uniques et, par ordonnance du 10 août 1834, une Cour d'appel, sous le nom de tribunal supérieur, fut instituée à Alger. Dans les localités et les postes avancés, les commandants de place, puis les commissaires civils, furent investis des fonctions de juges de paix. Nous ne défendrons pas ce cumul, sachant à quels ridicules abus il a donné lieu ; mais il fallait pourvoir aux besoins immédiats, et la nécessité excuse bien des choses.

L'ordonnance du 26 septembre 1842 constitua régulièrement la justice française. Des tribunaux de première instance, relevant de la Cour d'appel d'Alger, furent institués à Alger, Oran, Philippeville et Bône, et des juges de paix furent nommés dans les localités importantes. Cette organisation se compléta peu à peu, mais ce ne fut qu'en 1848 que

(1) *Législation de l'Algérie*, par M. Sautayra, p. 334.

l'administration judiciaire passa sous l'autorité du ministre de la justice.

Actuellement, ce service est réglé par le décret du 10 août 1875. Une Cour d'appel réside à Alger, ayant, dans son ressort, onze tribunaux de première instance, et un grand nombre de justices de paix. Presque tous les juges de paix sont à compétence étendue et jugent, en premier ressort, les contestations, jusqu'au chiffre de mille francs et, en dernier ressort, jusqu'à cinq cents francs. Ils connaissent des délits dont le maximum de la peine ne dépasse pas six mois de prison. Plusieurs sont assistés d'un juge suppléant appointé, avec qui ils partagent le service.

En Kabilie, les juges de paix sont chargés de tenir compte, autant que possible, des coutumes indigènes, et, dans ce but, siègent assistés d'un magistrat musulman, ayant voix consultative (1). Enfin, nos tribunaux connaissent des appels relevés, par les indigènes, sur les jugements des Cadis. Ils sont assistés, pour ces appels, de légistes musulmans ayant le titre d'assesseurs.

Le décret du 24 octobre 1870 a institué le jury dans des conditions analogues à celles de France. Les Cours d'assises siègent à Alger, Oran, Constantine et Bône ; dans ces dernières villes, sous la présidence d'un conseiller délégué de la Cour.

(1) Décret du 29 août 1874.

Les magistrats algériens ne jouissent pas du privilège de l'inamovibilité.

Tels sont les traits principaux de l'organisation de la justice française en Algérie. Son rôle est des plus importants, et l'on peut affirmer que les fonctions judiciaires n'y sont pas des sinécures. En réalité, le ressort de la Cour d'Alger a pour mission de rendre la justice à près de trois millions d'individus, dans un pays où les contestations civiles sont nombreuses, en raison de l'instabilité de la propriété et des affaires de toute sorte qui s'y font. La connaissance des appels musulmans demande des hommes éclairés, droits, ayant une grande pratique des indigènes et des notions précises de leur droit qui n'a rien d'arbitraire, mais qui s'éloigne sensiblement du nôtre pour tout ce qui se rapporte au statut personnel.

L'instruction et la répression des crimes et délits sont dévolus, en territoire civil, à la justice civile, qui défère l'incupé soit au tribunal correctionnel, soit à la Cour d'assises. En territoire militaire, l'instruction est faite par les officiers des bureaux arabes, et l'affaire traduite en conseil de guerre. Dans ce même territoire, la punition des délits est confiée à des commissions disciplinaires qui siègent au chef-lieu de la subdivision ou du cercle. Les commissions de subdivision peuvent condamner jusqu'à 1 an de prison et 1.000 francs d'amende ; celles de cercle jusqu'à 2 mois de prison et 200 francs d'amende. Enfin les commandants supérieurs et les officiers des bureaux arabes peuvent infliger directement des peines, savoir : les généraux de division, jusqu'à 2 mois de prison et 300 francs d'amende ; les chefs de subdivision, 1 mois de prison et 100 francs ; les chefs d'annexe, 15 jours de prison et 50 francs ; enfin, les officiers de bureau arabe, dans les postes avancés, 8 jours de prison et 30 francs. Les chefs indigènes peuvent infliger jusqu'à 20 francs d'amende.

Dans toutes les localités où il n'existe pas de tribunal, le juge de paix agit d'office lorsqu'un crime lui est signalé, et fait l'instruction complète de l'affaire. Il reçoit aussi des délégations ou des commissions rogatoires du juge d'instruction de son tribunal d'arrondissement. Dans ces localités, le juge de paix passe une partie de sa vie en course et, quand il rentre, il a souvent à statuer sur des affaires civiles sérieuses, ou à rendre des ordonnances de référé. Ce cumul est nécessité par l'éloignement des tribunaux et la difficulté des communications. On le voit, cette position ne ressemble guère à celle des juges de paix de France. Aussi l'autorité judiciaire a-t-elle cherché, dans ces dernières années, à l'améliorer sous le rapport matériel, de façon qu'elle ne soit plus le premier échelon, le début du magistrat, mais une station intermédiaire, sinon le couronnement de la carrière pour un grand nombre d'entre eux.

Le nombre des crimes et délits commis en Algérie est considérable, surtout chez les indigènes ; beaucoup ne sont pas suivis de plainte et n'arrivent pas à la connaissance de la justice ; d'autres, étant connus, ne donnent pas lieu à des informations ou l'instruction n'aboutit pas ; en un mot, un grand nombre de crimes échappent à l'action de la justice et c'est ce qui a permis à notre dernier gouverneur de présenter des statistiques prouvant que, toute proportion gardée, les attentats à la vie et à la propriété des gens ne sont pas plus fréquents qu'en France. En réalité, la justice répressive est débordée ; les cabinets d'instruction, surtout dans certaines villes, sont surchargés ; les juges de paix, qui ont dans leur cantons des territoires d'une étendue très-considérable, ne peuvent suffire à tout. Malgré le dévouement des magistrats, il faut reconnaître que le personnel est absolument insuffisant comme nombre et que la bonne administration de la justice en souffre.

Quant au recrutement, il s'opère comme pour la France, et l'on peut se faire une idée de l'étonnement de jeunes licenciés nouvellement débarqués, lorsqu'ils viennent prendre possession d'un poste de juge de paix et se trouvent, d'emblée, en présence des difficultés d'un service si chargé, dans un pays inconnu, au milieu d'indigènes dont ils ignorent la langue et les mœurs. Il y a là un grave inconvénient que l'administration judiciaire a essayé d'atténuer en faisant passer les juges de paix par la suppléance rétribuée, de façon à les soumettre à une sorte d'initiation. Mais il n'y a pas partout des suppléances et, trop souvent, la métropole envoie des juges qui obtiennent directement de la chancellerie leur nomination, et esquivent un stage qui leur aurait été fort utile.

La justice civile, pour les affaires entre musulmans, est rendue par les Cadis, qui tranchent, en dernier ressort, les litiges ne dépassant pas 200 fr. de capital. Ils sont assistés par des *adel* et *bach-adel*, témoins légaux de la sentence rendue par le juge et remplissant les fonctions de greffiers et de suppléants (1). Dans certaines localités, la connaissance des affaires immobilières, de même que le droit de recevoir des actes emportant location ou transmission de propriété, a été retirée aux Cadis.

Toutes les contestations entre musulmans et européens ou israélites sont, de droit, portées devant les tribunaux français.

Les indigènes, en outre du droit de soumettre directement, d'un commun accord, leurs procès à nos

(1) Décret d'organisation de la justice musulmane du 31 décembre 1859.

tribunaux, ont la faculté d'interjeter appel des jugements des Cadis, soit devant les *Medjelès* consultatifs, soit devant les chambres musulmanes de nos tribunaux de première instance. Le Medjelès, sorte de conseil, composé de plusieurs Cadis, donne son avis motivé sur la cause à lui soumise et cela contradictoirement avec le Cadi qui a rendu le jugement frappé d'appel et qui peut, soit se ranger à l'avis du Medjelès, soit persister dans sa première décision (1). Après avoir subi cette épreuve, la cause peut être portée devant le tribunal par un nouvel appel; elle peut aussi y venir directement. Le tribunal statue en dernier ressort.

Tel est le mécanisme actuel de la justice musulmane en Algérie. Les indigènes ont la plus grande confiance dans nos magistrats et c'est un spectacle assez curieux que de les voir leur soumettre des contestations fort délicates et qui ne peuvent être jugées par des juges chrétiens qu'en s'inspirant des dispositions de la loi et de la religion musulmanes.

On a beaucoup discouru sur cette question de la justice musulmane, et ceux qui aiment les solutions radicales ont réclamé depuis longtemps la suppression des Cadis, en prétendant que les indigènes eux-mêmes en seraient enchantés. Et puis, c'est si facile de supprimer. Malheureusement, supprimer

(1) Arrêté du gouverneur général, du 20 août 1867, réglementant les Medjelès.

n'est pas résoudre, et, de même que la tête de l'hydre, la question reparaît après avoir été tranchée. En supprimant, il faudrait remplacer; c'est là le difficile. Or le Cadi est, pour l'indigène, non-seulement un juge, mais un officier de l'état civil et un notaire. Séance tenante et pour quelques francs, les parties font dresser par lui leurs actes et emportent leur expédition. C'est imparfait, nous l'avouons; mais, depuis longtemps les choses se passent ainsi dans cette société, et, en somme, cela est suffisant.

Voudrait-on forcer les indigènes de la campagne à venir devant nos notaires faire recevoir de petits actes qui, selon nos formes, seraient souvent très-compliqués, sinon impossibles à dresser, par suite de l'absence de justifications, du manque de pouvoirs réguliers, etc., et payer des frais supérieurs à la somme engagée?

Faudra-t-il contraindre nos maires à recevoir non-seulement leurs mariages, qui se concluent presque toujours par procuration, au moins du côté de la femme, mais leurs divorces et leurs retours sur divorce?

Forcera-t-on nos juges de paix à connaître de litiges ayant trait au statut personnel des indigènes et à rendre des jugements sur des questions de filiation, d'héritage, de *hobous* (ou wakof), de divorce d'office, de répudiation, d'adoption, de malédiction paternelle, de promesse de mariage, de retrait de viduité, de droit de garde des enfants, d'impuissance, etc., etc., le tout selon la loi islamique ?

Sous le régime de quelle loi opérera-t-on le partage des successions ?

Tout cela n'est pas discutable. Nous sommes, encore une fois, en présence d'une situation que nous ne pouvons modifier du jour au lendemain ; il faut donc conserver, en l'améliorant, une organisation qui suffit à son but et s'appliquer à la transformer insensiblement. Mais pour remédier à des inconvénients plus ou moins graves, il ne faut pas nous mettre follement dans une situation inextricable et dont le moindre inconvénient serait de nous forcer, à courte échéance, à revenir sur nos pas.

Quant à toucher au statut personnel des musulmans, il n'y faut pas songer. Les indigènes supporteront une foule de charges et de contraintes imposées par l'autorité ; mais qu'on ne s'avise pas de porter la main sur leur religion, car, ce jour-là, ils se lèveraient comme un seul homme et se feraient tuer jusqu'au dernier. Or, leur loi civile, et surtout ce qui touche à l'état des personnes, c'est la loi religieuse. Et puis, il y a en outre les mœurs et les usages, auxquels ils tiennent et qu'il faut bon gré, mal gré, respecter. On ne voit pas, du reste, pourquoi on ne les laisserait pas vider ces questions à leur guise et dans quel intérêt on soulèverait de tels orages.

Les Cadis jouissent d'une réputation de vénalité bien établie et ce n'est pas nous qui chercherons à les défendre. Nous dirons seulement qu'il ne faut pas prendre au pied de la lettre tout ce que racontent les justiciables, car, chez les indigènes, comme chez nous, le plaideur qui perd a le droit de maudire son juge. Du reste, ceux qui ne sont pas contents de la sentence ont la faculté d'interjeter appel et de porter leur litige devant nos tribunaux. Ils ne s'en font pas faute, et il est à remarquer qu'un grand nombre de ces jugements sont confirmés, ce qui indique qu'ils ne sont pas tous détestables. Enfin, les Arabes victimes d'une injustice flagrante peuvent réclamer par la voie de la plainte à nos magistrats et fonctionnaires, et c'est encore un moyen dont ils usent largement. Il faut reconnaître aussi que, quand une indélicatesse est relevée à la charge d'un Cadi, sa révocation ne se fait pas attendre.

Mais quand on va au fond des réclamations indigènes, on reconnaît, le plus souvent, qu'elles ne sont pas fondées. « Notre Caïd ou notre Cadi nous mange », tel est le refrain. Quant à des faits particuliers, on ne peut obtenir qu'ils en citent, et c'est à grand'peine qu'on arrive à cette variante : « Il ne m'a rien pris, mais il mange la tribu ».

La procédure devant les tribunaux musulmans a un avantage immense, c'est d'être expéditive et peu coûteuse, et, pour une masse de ces petits procès qui naissent entre les indigènes au sujet de sommes fort minimes, le recours au Cadi est efficace et décisif, surtout grâce à la contrainte par corps. Suivons, comme démonstration, la marche d'un procès entre indigènes, pour une faible somme, quarante francs, par exemple, ce qui est peu de chose pour nous, mais important pour eux.

Le demandeur introduit son action à la *Mahakma* (tribunal du Cadi), en déclarant que son adversaire refuse de le suivre. L'*Aoun* sorte d'huissier, est dépêché, séance tenante, vers le défendeur, moyennant une rétribution de 50 centimes, et l'amène *torto collo*. La légitimité de la demande est établie, mais le débiteur refuse de payer ou dit qu'il ne possède rien. Aussitôt, jugement est rendu le condamnant à payer sans délai sa dette, ou, à défaut, ordonnant qu'il y sera contraint par corps. Le jugement est rédigé (coût, 6 fr. 60 c.) et, le lendemain, copie en est adressée au Procureur de la République, avec demande d'autoriser l'incarcération. Bientôt le débiteur est en prison où il est entretenu moyennant cinquante centimes par jour avancés par le demandeur. Presque aussitôt le défendeur s'exécute et se fait apporter le montant de sa dette en bons douros qu'il avait déposés chez un tiers complaisant ou cachés pour les soustraire à son créancier.

Voilà de la justice prompte et peu coûteuse. Voyons ce qui aurait eu lieu si le même procès avait été porté devant une justice de paix. D'abord, préliminaire de conciliation (0 fr. 90 c.), demandant, entre le moment de l'envoi et celui de la comparution, une moyenne de six jours. Admettons que le juge délivre, tout de suite, permis de citer, — car il est de ces magistrats qui n'y mettent pas d'empressement, voulant avoir le plus de conciliations possibles à porter sur leurs statistiques. Le demandeur lance son assignation (7 fr.) ; l'affaire est appelée huit jours après. Le débiteur qui s'est fait conseiller par quelque agent d'affaire ne se présente pas. Jugement de défaut. (12 fr.) La grosse est livrée ; on la fait signifier par huissier (10 fr.), le tout demandant au moins quinze jours. Le débiteur fait opposition ; l'affaire revient devant le juge ; grâce à la chicane de l'agent d'affaires elle peut être renvoyée à plusieurs audiences successives. Enfin, au bout d'un mois, le demandeur a son jugement définitif. Il le lève (12 fr.) ; le signifie (12 fr.), fait saisir (18 fr.) ; ce qui lui prend bien encore un mois ; mais, pendant ce temps, le débiteur a fait disparaître ce qu'il possédait ; on ne trouve chez lui que des murs nus et une mauvaise natte par terre. L'huissier dresse un procès-verbal de carence, à moins qu'il ne saisisse quelques objets malgré les protestations de femmes ou de co-locataires de la maison, et, alors, commence un interminable procès en revendication des choses saisies.

Résumons : devant le Cadi, le créancier est payé en quelques jours et avance à peine une dizaine de francs. Devant le juge de paix, il a dépensé au moins soixante-quinze francs, perdu trois mois et n'est pas payé. L'huissier lui rend une liasse de papiers timbrés : c'est toute sa satisfaction et son débiteur le nargue à son aise. Mais ce qui est le plus curieux, c'est que l'argent du débiteur a disparu aussi et est passé dans la poche de l'agent d'affaires. En toute chose, il faut considérer le résultat ; or, si c'est là l'avantage que nous voulons procurer aux indigènes, il faut avouer qu'il est peu enviable. Et qu'on ne croie pas que nous forçons les couleurs du tableau. Les Arabes, en général, sont de très-mauvais payeurs ; nos moyens, pour les contraindre, sont absolument insuffisants, comme ils le sont, du reste, à l'égard de nos concitoyens de mauvaise foi ; et cela est si vrai que beaucoup d'Européens ayant de petites sommes à recouvrer sur les indigènes cèdent leurs créances à d'autres indigènes, avec qui ils s'entendent pour que la poursuite ait lieu devant le Cadi.

Voilà ce qu'il faut connaître, et si ceux qui tranchent, avec tant de facilité, cette question, avaient vu les choses de près, ils changeraient peut-être d'avis. Cependant, un député algérien demandait, l'autre jour encore, la suppression des Cadis, sans indiquer de quelle façon il entendait les remplacer. Nous ne prétendons pas qu'ils représentent l'idéal du magistrat et qu'il faille s'en rapporter à eux sans contrôle ou les livrer à eux-mêmes. On a commencé, avons-nous dit, à leur retirer le droit de s'occuper des questions immobilières ; on a bien fait, quoique les frais chez les notaires soient fort lourds, et, pour des petits baux ou ventes, dépassent quelquefois le principal ; mais on ne saurait aller plus loin dans cette voie sans causer un trouble très-grand. Les notaires, eux-mêmes, ne peuvent se passer des Cadis et sont obligés, à chaque instant, de faire dresser par ceux-ci, pour être annexés à leurs minutes, des actes de notoriété, des partages de succession et des déterminations de droits.

Que l'on se contente, pour le moment, de compléter les mesures de surveillance et de contrôle imposées aux Cadis ; qu'on exige d'eux une bonne instruction ; qu'on ait soin de ne donner de l'avancement qu'à ceux qui ont fait leurs preuves comme capacité et moralité ; que les autres soient impitoyablement brisés, et, alors, les Cadis pourront, encore, pendant des années, rendre de grands services et être les auxiliaires de nos magistrats dans leur importante mission.

Nous disons plus haut que le nombre des crimes

est considérable en Algérie. De partout s'élève cette clameur : « Donnez-nous la sécurité ! ». C'est qu'en effet, cet avantage que le gouvernement a le devoir de procurer à tous les citoyens est trop insuffisamment assuré. Cela est devenu une question de première importance, et notre gouverneur, comme les représentants qui sont venus en Algérie l'automne dernier, ont pu se rendre compte de l'urgence des mesures à prendre, par l'unanimité avec laquelle on les réclame.

Dans les grandes villes, une population flottante considérable, sans feux ni lieux, des Italiens, des Espagnols, des Marocains, des Tunisiens, des repris de justice de toutes les races font que les attentats contre les personnes et les propriétés sont beaucoup trop fréquents. Mais, c'est surtout dans les campagnes que la situation est intolérable et que le brigand indigène, volant à main armée, exerce son industrie tant à l'encontre de nos colons que de ses coreligionnaires. Ainsi, le malheureux cultivateur, quand il a fini sa journée, ne peut se livrer au repos ; il faut qu'il veille ; si le sommeil le gagne, malheur à lui : ses bestiaux seront enlevés dans son parc, dans ses écuries dont les portes auront été défoncées ou les murs percés ; s'il s'éveille et qu'il veuille défendre son bien, il arrive trop souvent qu'aussitôt qu'il paraît, il tombe sous les balles ou le couteau des voleurs.

Quant à retrouver ce qui a été pris, il n'y faut pas songer, à moins d'être servi par le hasard. La justice et la police ne peuvent passer leur temps à rechercher des choses volées, pendant que les enquêtes au sujet des attaques contre les personnes réclament tous leurs soins. Il est incontestable que la police urbaine et rurale est d'une insuffisance absolue et que la justice est débordée.

Dans les villes, la police est trop peu nombreuse, et, comme elle est mal payée et peu considérée, ses agents sont généralement mauvais. De plus, elle manque d'intermédiaires avec les indigènes, bien qu'elle ait comme auxiliaires des agents arabes ; mais, ce sont, le plus souvent, de pauvres hères, quelquefois des étrangers, sans influence. La population indigène des villes est composée d'une foule d'éléments divers. C'est ce que les Européens ignorent, ne voyant devant eux que « des Arabes ». Il y a, en outre, une population nomade nombreuse : khouan en tournées, pèlerins, mendiants, émissaires de toute sorte, improvisateurs ambulants, sorciers marocains, fabricants d'amulettes, etc., et ces gens échappent à la surveillance de notre police. Autrefois, on avait soumis tous ces étrangers et nomades à diverses obligations qu'on a supprimées ou laissé tomber en désuétude. Des *Amin*, ou syndics, étaient chargés de la surveillance de ces catégories d'individus qui ne pouvaient circuler sans faire viser leurs permissions et se présenter à l'Amin. Enfin, la police trouvait en ces fonctionnaires d'excellents intermédiaires avec la population indigène, presque des répondants, et, ainsi aidée, elle était plus libre pour s'occuper des nomades européens.

Dans les campagnes, la police était faite, autrefois, par les caïds et les cheïkhs, sous l'autorité directe du bureau arabe. Mais, successivement, un grand nombre d'indigènes, la moitié, environ, de de la population, sont passés en territoire civil et se sont trouvés placés sous la triple autorité des administrateurs civils, chefs des communes mixtes, des maires, assistés de gardes champêtres et des juges de paix, assistés de la gendarmerie. En même temps, les tribus se sont désagrégées et ont formé des douars, ayant à leur tête une *Djemâa* (conseil des notables). Des cheïkhs civils ont été chargés de servir d'intermédiaires entre les diverses autorités ci-dessus énumérées.

On voit qu'un véritable chaos succéda à l'unité d'action qui existait sous le bureau arabe, car, toutes ces autorités, non-seulement manquèrent des moyens dont il disposait, mais se trouvèrent en lutte les unes contre les autres et paralysèrent leurs forces dans des conflits stériles. Il fallut créer une loi spéciale à l'indigénat (1), pour réprimer une série de contraventions que l'autorité militaire pu-

---

(1) Décret du 29 août 1874.

nissait directement, telles que : refus d'exécuter les services de garde pour les incendies, réunion sans autorisation, refus de fournir des renseignements aux agents de l'administration, détention d'animaux égarés, omission de déclaration de naissance, etc., les cas sont au nombre de 32. Les juges de paix sont chargés d'appliquer les pénalités sur la poursuite du ministère public ; enfin, les amendes sont recouvrées par les soins des agents des contributions. Tout cela a l'immense inconvénient d'entraîner une foule de longueurs, de sorte que la répression vient beaucoup trop tard, alors qu'elle devrait être immédiate.

La conséquence de cette transformation a été une diminution considérable d'autorité. Les indigènes, ne se sentant plus tenus, ont commencé à se livrer à des incartades ; ils ont bravé leurs cheïkhs civils et ceux-ci, non-seulement n'ont pu leur infliger la moindre punition directe, mais, trop souvent, n'ont pas été soutenus par leurs chefs ; leurs ennemis les ont attaqués et desservis soit auprès du maire, soit auprès du juge, soit auprès de l'administrateur et ont fini par être écoutés de l'un ou de l'autre. Les cheïkhs, généralement pris au hasard par la nouvelle administration, n'ont donné, du reste, que trop de sujets aux réclamations. L'anarchie la plus complète n'a pas tardé à régner dans les douars et les indigènes s'y sont trouvés exposés sans défense aux violences de leurs ennemis et aux attaques des voleurs. En même temps, les colons ont été en butte aux entreprises des malfaiteurs, et, comme la répression n'a pas été stricte, comme les voleurs ont pu enlever sans difficultés le produit de leurs rapines et circuler partout à leur aise ; comme l'autorité civile, malgré ses efforts, n'a été nullement secondée par des cheïkhs sans influence ni autorité, les brigands quelquefois protégés par les agents de l'administration, ont fait la terreur dans la campagne et l'on a pu voir un Bou-Zïan, dans la province d'Oran, un Bou-Guerra, dans celle de Constantine, chefs de bandes organisées, arrêter à main armée, sur les grandes routes, tuer et dépouiller les gens et braver, pendant de longs mois, les recherches de la justice secondée par la gendarmerie et même par l'armée. Jamais de tels faits n'auraient pu se produire si la population indigène ne se trouvait dans une profonde anarchie et n'avait pas cessé d'être « dans la main » de ceux qui l'administrent. Ajoutons que la division en territoires civils et militaires n'a que trop servi aux malfaiteurs qui passaient de l'un dans l'autre quand on commençait à les inquiéter.

Cette situation est intolérable. Pour y remédier, les Algériens, qui sont loin d'être d'accord sur ce point, proposent les principales mesures suivantes :

1° L'augmentation de l'effectif de la gendarmerie ;

2° La déportation des indigènes condamnés une première fois, pour un attentat contre les personnes ou les propriétés et qui tomberaient dans la récidive ;

3° Et, enfin, l'établissement de la responsabilité collective des tribus.

A notre avis, ces mesures sont insuffisantes ou inapplicables, comme nous allons essayer de le prouver.

Les gendarmes sont de très-braves militaires, toujours prêts à se sacrifier quand il y a un péril à affronter ; mais, en pays arabe, ils sont d'une très-mince utilité, par suite de leur ignorance de la langue, des mœurs et des ruses des indigènes. En dehors des routes, ils sont comme perdus, et il arrive que l'homme qu'ils recherchent ne se donne pas la peine de se cacher, s'il ne s'amuse à leur servir de guide. De plus, ils sont bridés par des règlements qui leur enlèvent toute initiative et en font de simples agents d'exécution, ce qui est logique, étant donné le rôle de la gendarmerie en France. Il n'est pas jusqu'à leur costume qui ne les rende impropres à la poursuite des malfaiteurs indigènes. On peut donc quadrupler le nombre des gendarmes, — cela n'aura d'autre inconvénient que de coûter cher, — mais, pour ce qui est du résultat pratique, il sera absolument nul.

La seconde mesure, la déportation, est un peu

draconienne, quand on songe avec quelle facilité un Arabe se laisse aller au péché du vol. De plus, elle n'atteindrait que ceux qui seraient assez simples pour se laisser prendre. Cependant, à l'égard des incorrigibles, on pourrait appliquer cette mesure : c'est ce que font, chaque jour, les Cours d'assises en prononçant des condamnations aux travaux forcés.

Quant à la responsabilité collective que presque tous les colons réclament comme la panacée universelle, nous la repoussons non-seulement comme inique, mais encore comme inapplicable.

Mais, d'abord, qu'est-ce que la responsabilité collective? Une circulaire du maréchal Bugeaud, en date du 29 janvier 1844, établit le principe de la responsabilité des tribus, Caïds et Aghas. « Les difficultés que présentait l'établissement d'une police exacte dans l'intérieur des tribus, — dit M. Pellissier de Reynaud (1), — durent faire adopter ou plutôt consacrer le principe de la responsabilité collective suivi par l'ancien gouvernement, pour les crimes dont les auteurs restaient inconnus. Il fut donc proclamé que les tribus seraient pécuniairement responsables des crimes de cette nature commis sur leur territoire ; mais l'amende infligée en pareil cas n'était exigible qu'après un délai suffisant pour que les Arabes pussent avoir le temps

---

(1) *Annales algériennes*, t. III, p. 244.

de chercher les coupables et de les livrer à la justice ». On oublie que la circulaire du maréchal prescrivait de rendre aussi les chefs indigènes responsables : « ... car c'est aux fonctionnaires qui jouissent des avantages et des prérogatives du pouvoir de veiller plus que tous les autres au maintien de l'ordre et à la répression des brigandages (1) ». Ces mesures, renouvelées des Turcs et employées dans un temps où l'on manquait de moyens, eurent un résultat réel que nous attribuons surtout à la responsabilité des chefs.

Sous le court du ministère du prince Napoléon, la responsabilité des tribus a été abolie. Peu après, lors de la restauration militaire de 1860, elle a été rétablie et, depuis lors, on l'applique spécialement pour les incendies de forêts et les délits ayant un caractère collectif. Une chose qui surprendra, c'est que l'application de cette mesure a eu rarement pour conséquence de faire livrer des coupables. Les indigènes ont payé leur part contributive dans l'amende, se soumettant à cela comme à un fait de force majeure, et tout a été dit. Ainsi, le but principal n'a même pas été atteint.

Au point de vue moral, la responsabilité collective n'est pas soutenable, c'est un des principes les plus injustes qu'on puisse défendre : beaucoup d'innocents punis, à coup sûr, avec le coupable, peut-

(1) Voir cette circulaire dans Ménerville, t. I, p. 18.

être même sans qu'un seul coupable soit atteint. Ses partisans sont forcés de reconnaître ce fait, mais ils donnent comme excuse la nécessité, oubliant, eux républicains et libéraux, que ce prétexte a servi à couvrir toutes les tyrannies. Ils oublient aussi, ou ignorent qu'on ne peut échapper à la logique des lois morales ; qu'il n'y a pas de droit contre le droit et qu'on ne se sert pas impunément de procédés dont on reconnaît, soi-même, l'injustice flagrante. La justice répressive, hélas ! n'est pas infaillible, mais elle ne peut se tromper sciemment. Se faire le défenseur d'une pareille immoralité, c'est s'abandonner aux plus mauvais instincts de l'homme et faire reculer la civilisation.

Mais, ainsi que nous l'avons dit plus haut, ce moyen odieux a un autre défaut, c'est d'être impraticable. En effet, les tribus, surtout dans les territoires civils et aux environs des colonisations qu'il s'agit de protéger, sont entièrement désagrégées ; elles ne forment plus corps, comme autrefois ; en les pénétrant, nous les avons disjointes, et maintenant on ne trouve aux environs de nos centres que de petits groupes de quatre ou cinq gourbis ou tentes, composés quelquefois de gens d'origine différente ; d'autres sont, isolément, établis comme khammès chez les colons. Ainsi, la responsabilité des tribus se transformerait, tout d'abord, en responsabilité des douars, et, le champ dans lequel pourrait se trouver le coupable se restreignant, les chances de tomber juste diminueraient d'autant.

Examinons les conditions de l'application. Un crime est commis dans un endroit donné : sur quel douar frappera-t-on ? en avant, en arrière, à droite ou à gauche ? Prendra-t-on pour principe de rendre responsable le douar le plus voisin ? Mais alors, les malfaiteurs n'auront qu'à dresser leur embûche auprès de l'habitation de leur ennemi, où à y transporter leur victime et trouveront ainsi le moyen de consommer une vengeance en assurant leur sécurité.

On pourrait, il est vrai, de crainte de se tromper et en chargeant Dieu de reconnaître les siens, comme dans une application célèbre d'une mesure collective, frapper tous les indigènes entourant le lieu du crime dans un rayon de 10, 15 ou 20 kilomètres. Et comme nous avons vu qu'ils paient leurs amendes, il faudrait les taxer de telle sorte qu'on les ruinât ; il ne leur resterait, alors, d'autre ressource que de se faire brigands, et vraiment, on ne pourrait les en blâmer, puisqu'ils auraient au moins les bénéfices de la profession. Ils auraient, il est vrai, un moyen d'éviter ces extrémités, ce serait de dénoncer n'importe qui, un innocent, contre lequel ils viendraient témoigner avec unanimité pour éviter la ruine. Cela suffirait peut-être aux partisans de la responsabilité qui se diraient, pour calmer leur conscience : « S'il n'a pas commis ce crime, il doit en avoir commis d'autres ».

Admettre que les auteurs d'un crime sont *toujours* les voisins est absurde. Quiconque connaît les mœurs des indigènes, sait que leurs malfaiteurs vont souvent très-loin pour faire leurs coups. Nous pourrions citer, à l'appui de cette assertion, des faits bien curieux, mais ce serait allonger outre mesure le sujet. L'acharnement des colons à réclamer la responsabilité part de cette erreur, accréditée chez eux, que les indigènes savent tout ce qui se passe en pays arabe. La connivence avérée de certains indigènes avec les voleurs et le peu d'empressement qu'ils mettent à aider les investigations ont fait naître cette idée, car on a conclu du particulier au général. Et cependant l'éparpillement de cette population sur de vastes espaces rend ce fait matériellement impossible. Les colons oublient une chose, c'est que les Arabes sont encore plus volés qu'eux et que, s'ils étaient si bien au courant de ce qui se passe, chaque nuit, dans la région qu'ils occupent, ils connaîtraient, tout d'abord, leurs voleurs et retrouveraient leurs bestiaux. Si donc les partisans de la responsabilité collective n'étaient pas aveuglés par la passion et trompés par l'espoir naturel de trouver un remède à leurs maux, ils reconnaîtraient que cette formule est un leurre. Du reste, l'humanité a un goût particulier pour les formules creuses et les solutions métaphysiques, comme si les choses de la vie étaient si simples et qu'on pût modifier une situation résultant de causes multiples par un procédé empirique s'appliquant à tout.

Mais il est inutile de nous appesantir sur ce point. Il nous reste à indiquer sommairement les mesures que nous croyons propres à rétablir la sécurité.

Nous avons vu plus haut de quelle façon les indigènes rattachés aux territoires civils ont échappé à l'action unique et forte des bureaux arabes pour entrer dans une sorte de droit commun représenté par trois têtes principales : le juge de paix, le maire et l'administrateur. Loin de sentir les bienfaits de cette demi-émancipation, les Arabes ont profité de l'affaiblissement du principe d'autorité qui en est résulté pour se livrer à leurs mauvaises passions ; et, en réalité, il n'y a rien là d'étonnant. Pour que l'homme comprenne les bienfaits de la séparation des pouvoirs et autres principes qui sont la garantie des citoyens, il faut qu'il ait atteint un certain degré de civilisation ; il faut, surtout, que la population que l'on veut faire jouir de ces avantages n'ait pas été soumise, depuis de longs siècles, à un régime absolument opposé au nôtre, de sorte que les habitudes et les idées des individus sont faites et enracinées. Ce n'est que par la suite des temps que nous sommes arrivés à cette perfection et à cet ordre d'idées qui nous semble tout naturel. Nous savons, du reste, ce que nous ont coûté ces conquêtes. Mais les indigènes ne connaissent rien de nos philosophes et leur organisation rapproche de ce qu'était la nôtre dans les premiers jours du moyen âge. C'est-à-dire que, pour eux, l'individu ne peut tenir aucune parcelle du gouvernement et qu'il n'obéit qu'à une autorité supérieure qui représente le prince. Dans ces conditions, la liberté n'est, pour lui, que l'affranchissement de toute règle, et, quand il ne se sent plus tenu, il ne sait plus se conduire.

Nous prenons, on le voit, la question de haut ; mais, à notre avis, il est impossible de bien juger les faits autrement. Il s'agit donc, tout d'abord, de replacer les indigènes sous le joug d'une autorité forte et ayant une unité absolue de direction. Il appartient à notre nouveau gouverneur de trouver, à cet égard, le procédé. Ce point obtenu, il faut créer une police spéciale rayonnant sur tout le pays, le tenant dans un vaste réseau et n'ayant d'autre mission que le maintien de la sécurité. Cette police doit être dirigée par des hommes énergiques, connaissant les indigènes, leur langue et leurs usages et ayant sous leurs ordres des cavaliers arabes choisis. On peut trouver dans les spahis les éléments nécessaires pour faire fonctionner cette organisation dès demain ; en même temps, on occupera ces gens, qui coûtent cher et s'énervent dans l'oisiveté des Zmalas. Ces cavaliers, répandus par petits groupes dans les villages, tenant des postes, gardant les routes et les défilés, seront toujours disponibles pour la poursuite des malfaiteurs. Quant à des chefs, nous pensons qu'on en trouvera facilement dans le personnel des bureaux arabes, parmi les officiers de troupe et, au besoin, chez les civils. Déjà, un essai de ce genre a été fait à El Arrouch et Semendou, dans la province de Constantine, et les services rendus par les officiers qui ont accepté cette mission ont été remarquables, bien qu'ils eussent agi isolément. Que serait-ce, si le réseau dont nous parlons existait, si ces officiers de police judiciaire correspondaient ensemble et si le personnel était assez nombreux pour tenir tout le pays? Nous ne craignons pas d'avancer qu'au moyen de cette organisation, complétée par le secours du télégraphe, bien peu de criminels échapperaient et que la sécurité serait bientôt rétablie d'une manière absolue.

Il faudrait, cela va sans dire, quelques mesures complémentaires : telles que le rétablissement du permis de voyage obligatoire pour les indigènes hors de chez eux ; la surveillance effective des marchés et lieux de réunion ; le rétablissement des Amin de corporations, etc.

Il faudrait, aussi, le concours de fonctionnaires arabes, qu'on les appelle Caïds, Cheikhs ou de tout autre nom, à la condition qu'on leur donnât une autorité efficace ; qu'on les payât bien ; qu'on ne leur marchandât pas les récompenses quand ils en auraient mérité, et qu'on les destituât aussitôt qu'ils manifesteraient la moindre mollesse dans l'exercice de leurs fonctions.

Enfin, il faudrait qu'on laissât, au moins dans les premiers temps, une certaine latitude au personnel chargé de ce service et qu'on ne l'arrêtât pas par des tracasseries provoquées par les réclamations et les calomnies, directes ou indirectes, des gredins que cette nouvelle manière de procéder gênerait.

Ce n'est que par la contre-guerilla que l'on combat la guerilla ; ce n'est qu'en prenant les malfaiteurs indigènes corps à corps, en tous lieux et en même temps, que l'on s'en rendra maître.

Voilà la solution honnête et efficace de cette grande question de la sécurité. En dehors de cela, il n'y a qu'injustice, dépenses inutiles, efforts superflus, aggravation d'une situation qui deviendra un danger public quand les populations indigènes, encore soumises à l'autorité militaire, auront été placées sous l'administration civile. Qu'on remarque, aussi, que le personnel judiciaire, soulagé, par ce moyen de l'immense travail que lui donne la recherche des crimes, pourrait se consacrer entièrement aux soins divers de ses importantes fonctions.

CHAPITRE IX

L'ORGANISATION ACTUELLE. — LES PROJETS DU GOUVERNEUR.

Avant d'examiner les projets du gouverneur, il convient de passer en revue l'organisation actuelle de la machine administrative algérienne et les desiderata des colons.

Le gouverneur général civil, placé à la tête de l'Algérie, centralise entre ses mains la haute administration du pays; il est le représentant direct du gouvernement français vis-à-vis duquel il est responsable de ses actes. Il prépare le budget qui est annexé à celui du ministère de l'intérieur et est voté par le Parlement. Les fonds sont délégués mensuellement, par le ministre de l'intérieur au gouverneur, qui ordonnance, ensuite, ou sous-délègue (1).

L'armée, formant le 19ᵉ corps, est commandée par un général, qui est lui-même sous les ordres du gouverneur.

---

(1) Les attributions du gouvernement général sont fixées par le décret du 10 déc. 1860 et celui du 24 oct. 1870, dans leurs parties non abrogées par l'arrêté du 6 mai 1871.

Le gouverneur est assisté d'un conseil, dit de gouvernement, dont les attributions, tout administratives, sont fixées par le décret de 1860 et la composition par celui du 11 août 1875.

Un autre conseil, le Conseil supérieur de gouvernement, formé de trente-huit membres, dont dix-huit sont délégués par les conseils généraux, et les autres, membres de droit, sont les chefs des services administratifs, judiciaires et militaires, se réunit, chaque année, à Alger, après la session des conseils généraux, sous la présidence du gouverneur général. Sa session ne peut durer plus de vingt jours. L'article 7 du décret du 11 août 1875, qui le constitue, définit ainsi son but : « Le Conseil supérieur de gouvernement est chargé d'examiner le projet de budget, l'assiette et la répartition des impôts préparés par les soins du gouverneur général ». La discussion du budget permet d'y traiter toutes les questions; seulement, ses travaux n'ont qu'un caractère purement consultatif, puisque le budget qu'il prépare doit être voté par les Chambres.

Chacune des trois provinces de l'Algérie est composée de deux parties, dont l'une forme le département, sous les ordres du préfet : c'est le territoire civil; l'autre constitue le territoire de commandement, ou militaire, administré par le général commandant la division.

Le préfet, assisté d'un conseil de préfecture, a sous ses ordres tous les services civils et est représenté, dans les diverses localités, par les sous-préfets, les administrateurs civils, les maires et les cheïkhs.

Le général a comme auxiliaires les commandants de subdivision, de cercle et d'annexe; les bureaux arabes et les chefs indigènes.

Tout le pays environnant les villes et les parties colonisées forme le territoire civil. Quant au territoire de commandement, il s'éloigne de plus en plus et n'est encore intact que sur la ligne des hauts-plateaux et des frontières et dans le Sahara.

Chaque province possède un conseil général élu, composé d'environ vingt-cinq membres français et de six assesseurs indigènes ayant voix délibérative, choisis par l'administration. Chaque conseil nomme sa commission départementale. Quant aux attributions, elles sont à peu près les mêmes qu'en France, telles que la loi du 10 août 1871 les a déterminées, cette loi ayant été reproduite, presque textuellement, par le décret du 23 septembre 1875, qui a réglé l'administration des conseils généraux algériens. Un certain nombre de cas d'inéligibilité ont été ajoutés. Mais ici, les questions relatives à la colonisation, les travaux publics toujours importants, donnent aux sessions un grand intérêt.

Le budget des départements est constitué presque

uniquement par les cinq dixièmes de l'impôt arabe, car l'impôt foncier n'a pas encore été établi en Algérie. Voici les chiffres des budgets des recettes des trois départements, pour 1876 (1) :

	ALGER	CONSTANTINE	ORAN
Impôt arabe	1.800.000 fr.	2.200.000 fr.	1.375.000 fr.
Divers	23.000	70.400	57.515
Remboursements	43.257	80.000	39.445
TOTAUX	1.866.257 fr.	2.350.400 fr.	1.471.960 fr.

Les quatre contributions n'étant pas perçues en Algérie, il n'y a pas de conseils d'arrondissement.

Voici quel est, actuellement, le régime des impôts et contributions :

1° Octroi de mer frappant les marchandises à l'entrée. Cet impôt porte, pour les neuf dixièmes, sur les Européens qui consomment la majeure partie des marchandises importées. Il sert entièrement à former le budget des communes, entre lesquelles il est réparti au prorata du chiffre de la population, les Européens comptant pour une unité et les Israélites et les Musulmans pour un huitième de leur population effective, dans les communes de plein exercice, et pour un quarantième dans les communes mixtes (2);

2° Redevance domaniale de un franc par hectare et par an sur les concessions ;

(1) *Législation de l'Algérie*, par M. Sautayra, p. 173.
(2) Décrets des 18 août 1868 et 19 juin 1875.

3° Patentes, établies sur la valeur locative, à la moitié du tarif déterminé par l'article de la loi du 25 avril 1844;

4° Contributions diverses et taxes municipales;

5° Droits d'enregistrement et de timbre. Il n'est perçu comme droits d'enregistrement que la moitié du tarif de France;

6° Impôts arabes se composant de :

A. L'*âchour* ou dîme. Dans la province de Constantine, cet impôt est fixe; dans les deux autres, il est déterminé chaque année par les agents de l'administration militaire et civile, avec l'assistance des chefs indigènes, selon l'étendue des surfaces cultivées et la qualité de la récolte.

B. La *zekkat,* impôt sur chaque tête de bétail, suivant le tarif arrêté par le gouverneur général.

C. Et la *lezma*, capitation prélevée en Kabilie; le même nom est donné à l'impôt frappant les palmiers dans les oasis du Sud.

On ajoute, quelquefois, à ces trois catégories le *hokor* qui n'est, en réalité, qu'un fermage de terres domaniales.

Des répartiteurs, agents des contributions directes, sont chargés du recensement des matières imposables, chez les indigènes, en territoire civil. Les rôles sont dressés par le service des contributions et rendus exécutoires par l'autorité administrative. L'impôt est recouvré par les agents des contributions, avec l'aide des cheïkhs.

En territoire militaire, les rôles sont dressés par le bureau arabe, assisté des chefs indigènes. Ceux-ci se chargent du recouvrement et versent entre les mains des receveurs qui délivrent des quittances individuelles.

Nous avons vu plus haut que le préfet a pour auxiliaires les sous-préfets, administrateurs et maires, correspondant aux divisions du département en arrondissements, communes mixtes et communes de plein exercice.

Les arrondissements se rapprochent sensiblement de ceux de France, avec certaines attributions en plus pour les sous-préfets.

Les communes mixtes sont composées d'un certain nombre de douars indigènes du territoire civil, ayant chacun une Djemâa (conseil). Elles sont dirigées par un employé de l'administration ayant le titre d'administrateur, lequel est assisté par une commission municipale formée des présidents de Djemâa et de notables européens résidant dans la circonscription (1).

Les communes de plein exercice sont administrées par des maires français assistés d'un conseil municipal élu, comprenant plusieurs membres indigènes élus par leurs concitoyens. Ces communes ont, quelquefois, dans leur territoire, une popula-

(1) Arrêtés des 24 novembre 1871 et 24 décembre 1875.

tion indigène considérable. On saisit facilement les inconvénients qui peuvent en résulter au point de vue de la bonne administration du pays, quand on réfléchit que les maires des petites localités sont souvent de très-honnêtes gens, mais manquant des connaissances et des moyens nécessaires pour diriger de telles communes. Et, cependant, les corps élus n'ont cessé de réclamer l'agrandissement des communes afin d'augmenter le chiffre de leur budget pour l'adjonction d'une population dans l'intérêt de laquelle aucune somme n'est employée. Mais M. le gouverneur général a, par une circulaire très-sagement inspirée, ramené les choses à une limite raisonnable, en fixant le maximum du chiffre des indigènes pouvant se trouver dans la même commune.

En territoire militaire, les subdivisions, équivalant aux arrondissements civils, sont administrées par des généraux de brigade, les cercles, par des officiers supérieurs et les annexes par des capitaines ou des lieutenants. L'arrêté du 13 novembre 1874 crée des communes indigènes, en territoire militaire, et dispose que le nombre en sera augmenté au fur et à mesure que les annexes auront des ressources suffisantes pour être érigées en communes.

Telle est, en résumé, l'organisation administrative de l'Algérie. Tout esprit non prévenu reconnaîtra que l'on a beaucoup fait, beaucoup amélioré, et que nous ne vivons pas dans un état semi-barbare. Nous ne prétendons pas davantage que ce soit l'idéal des gouvernements et qu'il ne reste rien à faire. Les opinions, à cet égard, sont très-diverses, et, si tout le monde réclame des réformes, on est peu d'accord sur leur nature.

La grande revendication, depuis longtemps poursuivie par les colons, est la substitution du régime civil au régime militaire. Sur ce seul point, les avis des Algériens sont presque unanimes. Or, ce vœu est, en grande partie, réalisé, puisque tout le pays obéit à un gouverneur civil et que, sur la population, 1.315.950 individus sont soumis à l'autorité civile et 1.551.676 au commandement militaire. Ce dernier chiffre, qui remonte à 1877 et a encore diminué, est formé presque uniquement par les indigènes habitant des contrées reculées, où la colonisation n'a pas pénétré.

Ce premier point admis, les opinions se fractionnent en deux groupes principaux dont l'un inscrit sur sa bannière *assimilation* et l'autre *autonomie*. Les journaux qui représentent ces deux camps se combattent avec acharnement, car ils ne savent rien faire sans violences et quiconque s'en rapporterait à leur ton croirait que Capulets et Montaigus sont prêts à en venir aux mains. Et cependant, on se tromperait grandement, car cette agitation n'est que factice et, au fond, il ne serait pas difficile de s'entendre, si l'on savait se débarrasser de la tyrannie des mots.

Les premiers, les *assimilateurs*, auxquels appartient presque en entier la représentation algérienne, sont les successeurs de ceux qui, en 1870, voulaient *liquider* le gouvernement général et faire de l'Algérie trois départements français, administrés comme ceux de France, chaque préfet relevant directement du ministre. Cette manière simple de trancher la question peut séduire au premier abord, mais le moindre examen fait comprendre qu'elle a le défaut d'être impraticable. Déjà, les assimilateurs actuels, moins radicaux que leurs devanciers, admettent presque tous le maintien du gouvernement général, ce qui n'est ni plus ni moins que le renversement de leur système. Ils admettent « temporairement » bien d'autres choses et seraient forcés d'en accepter encore davantage s'ils voulaient se donner la peine d'esquisser leur programme d'application pratique. Mais ils se renferment prudemment dans cette formule : assimilation pure et simple. Du reste, ils sont loin d'être d'accord ensemble.

Les seconds, les *autonomistes*, qui ne s'entendent guère mieux, partent cependant d'un principe beaucoup plus juste, que nous allons exposer. Selon eux, le Parlement est trop absorbé par les affaires de la France pour pouvoir penser à celles de l'Algérie ; de plus, il est incompétent, parce qu'il ne connaît pas le pays. L'inconvénient est donc double, puisque la solution des affaires est retardée et n'est pas toujours conforme à l'opportunité. Les représentants algériens ne sont que trois dans chaque chambre et, jusqu'à présent, ils ont rarement réussi à se faire écouter et à faire accepter leurs opinions; eux-mêmes ne sont pas toujours au courant de questions qui, parfois, changent d'aspect et qu'ils ne peuvent suivre de loin. Enfin, ils sont portés, cela est tout naturel, à centraliser le plus possible les affaires à Paris, de façon à ce que tout ce qui intéresse l'Algérie leur passe par les mains et qu'ils jouent le rôle de grands dispensateurs.

Les autonomistes pensent donc qu'on pourrait largement décentraliser et permettre au gouverneur, assisté d'un conseil où l'élément élu entrerait pour une grande part, de trancher un certain nombre de questions administratives. Nous ne croyons pas qu'ils aient l'intention de pousser l'autonomie plus loin, ce qui serait, du reste, matériellement impossible.

Tels sont les termes du débat, et si l'on savait, de chaque côté, se faire des concessions, on serait bien près de se rencontrer, car, en réalité, on ne peut pas plus vouloir l'assimilation absolue que l'autonomie absolue. Comme pour une foule de choses, la vérité est dans le point intermédiaire. Nous avions donc raison de dire que c'était encore une querelle de mots : mais on sait que ce sont souvent les plus tenaces.

Les assimilateurs, trop facilement pris en faute contre la logique par leurs adversaires, se vengent en reprochant à ceux-ci de marcher au séparatisme, et l'on a vu le dernier gouverneur ne pas craindre de se faire l'écho de cette calomnie à la tribune. Nous disons calomnie, parce que tout le monde sait ici qu'il n'existe pas, parmi les Algériens, un seul séparatiste, et qu'il ne peut y avoir de pays plus français et plus foncièrement dévoué à sa patrie.

Un grand combat s'est livré, dans ces derniers temps, autour du conseil supérieur qu'on avait maladroitement appelé parlement colonial. Les assimilateurs veulent bien un gouverneur général, mais ils repoussent un conseil supérieur; et cependant, il semble logique que le budget de l'Algérie soit « examiné » par un conseil central recevant les délégations des conseils généraux qui viennent de voter le budget des départements. Mais, à ceci, on fait une très-grave objection. A quoi sert cette préparation, puisque notre budget est ensuite discuté par le parlement de la métropole? Faudra-t-il que les chambres se bornent à entériner vos propositions? S'il les modifie, voilà tout un travail inutile, et si le conseil supérieur se met en contradiction avec le parlement, voilà la puissance parlementaire de la France mise en échec par une assemblée locale. Nous le répétons, cette objection est grave, mais on ne doit pas en exagérer la portée, et il faut la réduire à sa juste valeur, car tous les conseils, communaux, d'arrondissement et de département, pourraient aussi, en sortant de leurs attributions, se trouver en lutte avec le pouvoir, et cependant, ils ne mettent rien en péril. Il s'agirait donc, pour éviter cet inconvénient, de bien définir les attributions de ce conseil et de lui enlever tout moyen de faire de la politique.

Un honorable député de France qui a fait des questions algériennes une étude spéciale, s'est prononcé dernièrement contre le conseil supérieur. « Le conseil municipal, — a-t-il dit en substance, — répond à un intérêt communal ; le conseil général répond à un intérêt départemental ; mais le conseil supérieur ne répond à rien ». Il nous semble cependant qu'il existe un intérêt algérien. Mais, comme ce député a reconnu que la spécialité des questions algériennes nécessitait l'examen d'hommes spéciaux, il a émis l'idée de former, auprès du gouverneur, un conseil composé de personnes choisies en raison même de leur spécialité. Il nous semble que ce conseil existe sous le nom de conseil du gouvernement. Cependant cette proposition est à étudier, car l'important est de décentraliser. Les adversaires du conseil supérieur ne s'aperçoivent pas qu'ils retirent au gouverneur un appui et un guide, en même temps qu'un pondérateur, et ne lui laissent que l'arbitraire. Pour des démocrates c'est encore bien peu libéral.

A côté de cette question principale se discutent une foule de sujets fort importants. La presse algérienne est très-agressive : un journal entame une campagne qui se caractérise par une formule ; les confrères du même clan, ou sof, font chorus et voilà la formule qui passe à l'état de machine de guerre pour battre en brèche tel homme ou telle institution. Le bon public reste d'abord ébahi devant la découverte à laquelle on l'initie ; mais bientôt il se figure, pour employer une expression vulgaire, que c'est arrivé, et emboîte le pas.

Nous avons eu ainsi, dans ces dernières années, la campagne contre le régime des décrets auxquels l'Algérie est soumise, ce qui, par parenthèse, remédie à l'absence de décentralisation, en permettant de prendre des mesures qui risqueraient d'arriver trop tard, si elles devaient faire l'objet de lois et passer par les chambres en supportant trois discussions dans chacune d'elles. C'est, nous ne craignons pas de le dire, une chose indispensable pour l'Algérie, mais c'est une arme à deux tranchants qui, dans des mains imprudentes, peut faire autant de mal que de bien. Il est donc étonnant que des assimilateurs aient attaqué le régime des décrets, car il n'y a pas de milieu : ou décentraliser, ou se servir des décrets et ordonnances.

Puis est venue la campagne des rattachements

des services à la métropole qui, de même que la précédente, n'avait d'autre but que de diminuer l'autorité du gouverneur en augmentant celle de la représentation ; puis, la campagne contre les communes mixtes que l'on représentait comme l'abomination de la désolation ; puis une foule d'autres campagnes.

Il y a, encore, le chapitre des petites ambitions locales. Ainsi, on demande l'augmentation du nombre des département algériens et les villes se disputent à qui aura la préfecture. L'avantage qu'aurait à en retirer l'Algérie ne frappe pas tout d'abord, mais on se rend facilement compte de l'augmentation de dépenses qui en résulterait et des difficultés de partager, dans des conditions logiques, l'administration du pays, à moins de faire des départements du littoral et un ou plusieurs départements du Sud. Qu'importe, on veut une préfecture pour donner plus d'importance à telle localité et ne plus être tributaire de telle ville rivale. Et puis, cela fait des places de toute sorte, y compris celles de député, de sénateur et de président du conseil général.

Parlons aussi de la présence des assesseurs musulmans dans les conseils généraux, qui est vivement attaquée. S'ils n'avaient eu que voix consultative, comme le nom d'assesseurs semble l'indiquer, on ne réclamerait pas, car il faut bien que l'élément indigène soit représenté ; mais ils votent et votent presque toujours selon les vues de l'administration. Il en résulte que l'opinion des conseils généraux est trop souvent faussée : *inde iræ*. Diverses solutions ont été proposées. On a parlé de fonder une assemblée uniquement composée d'indigènes, élus ou désignés ; mais on ne s'est pas rendu compte que ces braves gens ne connaissent rien à nos règles administratives et que, livrés à eux-mêmes, ils ne sauraient rien faire de bon. D'autres, ceux qui voient dans l'élection le remède à tous les maux, proposent de faire élire les assesseurs actuels, soit par le suffrage universel de leurs coreligionnaires, soit au second degré, par les conseillers municipaux indigènes. On peut essayer, mais, à coup sûr, le résultat sera le même, et cela par cette raison que, dans la population arabe, il existe actuellement trop peu d'individus assez instruits, assez au courant de notre civilisation et assez indépendants pour fournir un personnel convenable aux conseils généraux. C'est encore un progrès à remettre à plus tard. En attendant, il vaut peut-être mieux garder ce que l'on a : les Français ont la grande majorité dans les conseils généraux ; c'est une garantie réelle ; ils n'ont qu'à s'entendre.

On s'est occupé également, et depuis longtemps, à chercher le moyen de fournir du crédit aux colons, et il n'est pas d'hérésies, d'insanités qu'on n'ait imprimées à ce sujet. Chose curieuse : plus le projet est extravagant et plus il a de chances de réussir dans le public. Et pourtant la question est bien simple : aussitôt que le colon a une propriété offrant des garanties réelles, il trouve de l'argent, car les fonds abondent, et ce n'est pas parce qu'il paiera un ou même deux francs de plus ou de moins pour cent, comme intérêt, que sa situation sera bien modifiée. En un mot, pour avoir de l'argent, il faut un gage ; c'est une loi économique élémentaire, et, en dehors de cela, on ne fera rien, car on ne peut pas édicter qu'on prêtera dans d'autres conditions que celles du cours du marché, résultant de l'offre et de la demande et des règles consacrées pour la garantie du prêteur. En matière de finances, l'arbitraire n'existe pas ; tout procède de lois dont on ne peut s'écarter.

Le rétablissement de la sécurité fournit aussi un thème inépuisable aux discussions. Nous n'en dirons rien, ayant traité en détail cette question dans le chapitre précédent. Rappelons cependant que certaines personnes trouvent qu'il y aurait encore quelque chose à faire pour l'organisation des forces des colons, en outre de l'armée territoriale. En effet, dans les villages dépourvus de garnison, il n'existe aucun noyau de résistance, depuis la suppression des milices. Les Français de vingt-deux à trente ans font partie de la réserve, et, de trente à quarante, de la territoriale et ont des armes chez eux ; mais leurs compagnies ont leur point de réunion souvent très-loin et, en cas de mobilisation, ils sont obligés d'abandonner leur village ou leur ferme, laissant chez eux les hommes au-dessus de quarante ans et les étrangers, non armés et sans chefs. Il y a là une lacune ; il est vrai qu'en cas de danger public, l'administration a le droit d'armer tout le monde à la hâte et d'incorporer même les étrangers ; mais on connaît les inconvénients de ces armements et de ces organisations précipitées, et il serait bien préférable que tout fût prêt depuis longtemps, que les plans de défense fussent préalablement tracés et que chacun sût à quel chef il doit obéir et de quelle façon il faut se grouper.

Les questions actuelles sont, on le voit, nombreuses et importantes. Malheureusement les Algériens sont peu d'accord sur leur solution. Chacun parle sans s'occuper de son voisin et, cependant, une des premières choses à faire serait d'arrêter un programme commun. On ne comprend pas qu'un étranger débarquant ici puisse s'y reconnaître dans un pareil chaos et, pour arriver à se faire un opinion, il doit falloir un esprit particulièrement sagace et pénétrant.

M. le Gouverneur général prépare tout un plan de réorganisation algérienne dont il a esquissé les principaux traits dans un discours à Bône, au mois de septembre dernier. Il a ensuite soumis, aux conseils généraux, son programme, en demandant l'avis motivé de ces assemblées et a adressé, le 7 octobre, aux préfets, une longue circulaire dans laquelle il développe ses idées relativement aux procédés d'exécution. Enfin, à l'ouverture de la session du conseil supérieur, le 3 décembre 1879, il a dans, un grand discours, passé en revue cette importante question et soumis aux membres de cette assemblée plusieurs projets de loi accompagnés d'exposés des motifs et de commentaires très-détaillés. Il est donc permis de connaître exactement son programme et nous allons essayer de le résumer.

Comme modifications déjà réalisées, le gouverneur constate que le gouvernement général et le commandement ont cessé d'être confondus. « Au gouvernement des hommes de guerre », dit-il (1)..... « était venue l'heure de substituer une administration civile..... L'autorité civile a pris, sans difficulté, possession du rôle qui lui appartient chez les peuples libres.

« Dans tout le territoire occupé par nos communes de plein exercice et nos communes mixtes, les fonctionnaires, à tous les degrés, ne relèvent que de l'autorité civile. C'est elle, également, qui préside à l'administration du territoire de commandement. Le service des affaires indigènes, détaché de l'état-major général, a été placé sous la direction immédiate du gouverneur ».

(1) Discours au Conseil supérieur.

Et plus loin : « La direction générale des affaires civiles et financières, qui pouvait peut-être se comprendre auprès d'un gouverneur militaire, mais qui aujourd'hui n'avait plus de raison d'être », a été supprimée et remplacée par un secrétariat général.

Enfin, les sous-préfets ont cessé d'être, en même temps, administrateurs des communes mixtes.

Voilà ce qui est fait ; examinons ce qui reste à réaliser :

L'extension du territoire civil, c'est-à-dire, l'« application par les mêmes fonctionnaires des mêmes règles et des mêmes procédés administratifs à toutes les régions similaires, à toutes les populations que rapprochent les mêmes mœurs et les mêmes procédés administratifs (1) ». Dans son discours de Bône et dans sa circulaire aux préfets, M. le Gouverneur avait été plus catégorique, car il avait annoncé le passage immédiat de tout le Tell sous le régime civil. Une région à déterminer le long des frontières et la zone intermédiaire entre le Tell et le Sahara auraient été réservées à une organisation spéciale, par laquelle l'autorité militaire aurait continué à être chargée de préserver les territoires de colonisation des incursions et des pillages. « On a considéré longtemps, — a-t-il dit à Bône, — une transformation simultanée de tout le Tell comme

(1) Discours au Conseil supérieur.

une mesure offrant de véritables impossibilités ; je crois qu'il n'en existe réellement aucune ».

Des projets de loi préparés en vue de l'application de ce programme ont été soumis aux conseils généraux qui les ont, en grande partie, approuvés. Parmi les mesures proposées, figure le projet de conférer aux administrateurs civils des pouvoirs disciplinaires, afin de leur permettre d'agir dans des conditions d'efficacité suffisante, sur des populations qui viennent de quitter l'autorité du bureau arabe. Ces pouvoirs, dit M. le Gouverneur dans son dernier discours, doivent être attribués « dans une sage mesure » aux administrateurs des communes mixtes. « Les raisons qui justifient cette attribution sont développées dans un exposé des motifs qui en précise le caractère, écarte les équivoques, exclut tout arbitraire et montre que l'invocation du droit commun trouverait ici malaisément sa place ».

En conséquence, il propose d'attribuer aux administrateurs la répression des infractions spéciales à l'indigénat, dans les communes mixtes, en appliquant au délinquant, et en sa présence, les peines de simple police, avec obligation d'inscrire sur un registre coté et paraphé « la décision prise, avec indication des motifs ».

Dans l'exposé se trouve encore cette phrase : « Qu'on ne dise pas, non plus, qu'on se place, en territoire civil, hors du droit commun. Le droit commun n'existe pas dans les communes mixtes, à peine dans celles de plein exercice ».

Sur cette question, les avis ont été partagés. Le conseil de Constantine a fortement appuyé le projet ; celui d'Alger s'est prononcé beaucoup moins catégoriquement ; quant à celui d'Oran, il a repoussé les pouvoirs disciplinaires, voyant dans ce droit la violation du grand principe de la séparation des pouvoirs, et a conclu que les administrateurs devraient agir sur les indigènes « par des moyens moraux ». Voilà une preuve de ce que nous disions tout à l'heure relativement à l'incohérence des idées des Algériens et à l'absence de plan commun chez eux.

Pour ce qui est du personnel à trouver instantanément, M. le Gouverneur compte sur les employés de l'administration, les interprètes militaires, etc. Il est résolu à n'admettre aux fonctions d'administrateur que des personnes connaissant la langue arabe. Vingt-six circonscriptions nouvelles seront créées et les fonctionnaires qui seront chargés de les administrer devront aller s'établir au milieu de leur commune. Quinze gendarmeries y seront installées.

Après cette grande entreprise, vient la colonisation, dont M. le Gouverneur veut s'occuper spécialement. « Il faut », dit-il, « peupler le pays de nationaux, pour que l'Algérie soit bien française ». Il se prononce pour l'application « sagement combinée de la vente et de la concession ». Mais, comme les terres disponibles vont manquer, il faut chercher le moyen de s'en procurer et, à cet effet, arrêter un programme définitif de colonisation. Le périmètre des anciens centres doit être agrandi et des crédits spéciaux seront accordés aux communes pour les travaux d'aménagement des eaux.

M. le Gouverneur vient de soumettre au Conseil supérieur un projet de loi réglant le régime des concessions et des ventes des terres. Des clauses résolutoires sont réservées dans les deux systèmes, pour le cas où le possesseur ne mettrait pas en valeur ses terres. Pour fonder le « crédit des colons » et permettre à ceux-ci d'emprunter, afin de mettre en valeur leur domaine, diverses dispositions sont édictées dans le but de conférer un privilège spécial au prêteur. Ce privilège primerait même celui de l'Etat, vendeur, et les droits antérieurs des tiers. Il ne nous appartient pas d'apprécier, au point de vue de la stricte légalité, ces dispositions ; disons seulement que tout cela ne nous semble pas de nature à produire un grand changement dans la situation actuelle ni à justifier les espérances insensées que font naître, chez quelques-uns, ces mots : fondation du crédit des colons.

Pour le régime financier, voici le programme :

Augmentation de l'octroi de mer, afin de remédier

à l'insuffisance du budget des communes, « ce qui est d'autant plus nécessaire que la création de nouvelles communes mixtes va multiplier le nombre des parties prenantes ». Mais cela n'est que provisoire et voici le corollaire : étude d'un projet pour établir sur des bases « plus larges, plus fermes et plus équitables » le budget des communes.

Pour les indigènes :

Hâter la constitution de la propriété individuelle.

Arrêter, « avec le concours d'une commission spéciale, les bases du projet de loi relatif à la constitution immédiate de l'état civil chez les indigènes ». Ce projet de loi, comprenant 24 articles, est soumis en ce moment au conseil supérieur.

Fondation d'un certain nombre d'écoles arabes-françaises en pays musulman.

Pour les travaux publics :

Achèvement du réseau des voies de communication.

Commencement des travaux du chemin de fer de Sétif à Ménerville, aussitôt après ratification de la convention passée avec la compagnie de l'Est algérien.

Etude des autres lignes et notamment du transsaharien.

Enfin, au point de vue de l'administration générale :

Suppression du régime arbitraire des décrets et fixation « de ce qui, désormais, sera du domaine de la loi, du domaine des décrets et du domaine de l'arrêté gouvernemental ». Ce n'est, après tout, que la réglementation du régime des décrets.

Application pure et simple de la loi de France aux conseils généraux.

Ajournement de la question des assesseurs musulmans.

Loi sur la constitution du conseil supérieur à présenter au Parlement.

Rattachement à la France des services qui y ont leur similaire, en tant que ces services ne sont pas chargés de fonctions spéciales intéressant la colonisation. Maintien sous l'autorité du gouverneur des autres services, « c'est-à-dire de ceux qui affectent essentiellement et directement l'œuvre capitale à poursuivre dans ce pays, l'intérêt supérieur de la colonisation ».

Tel est, à grands traits, le programme du gouverneur. L'opinion publique l'a accueilli avec faveur, car il contient d'excellentes choses. Si quelques points de détail peuvent donner lieu à la critique, si certaines mesures ne sont que la continuation de ce qui a été commencé ou préparé par ses prédécesseurs, tout le monde reconnaîtra qu'il a fallu, à M. Grévy, une grande somme de travail pour arriver, en moins d'un an, à se faire une opinion raisonnée sur une foule de questions qui lui étaient étrangères et à trouver le moyen pratique d'appliquer les réformes. Nous ne sommes donc nullement de l'avis de ces impatients qui lui reprochent de se renfermer dans le domaine de la théorie. Un journal s'écriait l'autre jour : « Nous attendons depuis longtemps l'exécution des promesses du gouverneur, et, cependant, aucun changement, aucune révocation de fonctionnaires n'a eu lieu ; il est temps que cela finisse ! » C'est que, pour beaucoup de gens, l'idéal du progrès se caractérise par les révocations et les changements.

Notre gouverneur procède avec prudence et sagesse ; il n'en saurait trop avoir. C'est à l'application qu'il faudra juger son programme ; nous espérons qu'il sortira victorieux de l'épreuve.

CHAPITRE X

CONCLUSION

Nous avons essayé, dans les pages qui précèdent, de donner un aperçu de ce qui a été fait par la France, en Algérie. Nous nous sommes efforcé, pour chaque sujet, de nous replacer au point de départ et de suivre la voie parcourue, les progrès réalisés. Nous avons montré les difficultés, les incertitudes, les erreurs du début, toutes choses qui accompagnent infailliblement les entreprises humaines. Nous avons cherché à redresser, au cours du récit, quelques préjugés et à replacer tout au point. Enfin, nous avons exposé la situation actuelle au double point de vue matériel et moral, et ouvert, par-ci, par-là, quelques vues sur l'avenir.

Tout homme non prévenu reconnaîtra que l'œuvre accomplie par nous, en Algérie, dans ces cinquante premières années, est considérable. Non-seulement nous avons mené à bien l'entreprise très-difficile de la conquête d'un vaste pays, ignoré de nous, âpre d'accès et défendu par une population nombreuse et guerrière, mais nous avons mis en valeur une grande partie de ses richesses et y avons installé une population européenne de 350.000 habitants, actuellement bien fixée et acclimatée et capable d'assurer, par la simple augmentation naturelle, sa suprématie sur le pays dans un délai relativement assez rapproché.

Le capitaine Ragot, dans son beau travail sur le Sahara (1), comparant les conquêtes précédentes à la nôtre, dit avec beaucoup de justesse : « La conquête française a été laborieuse ; mais il n'y en a jamais eu de plus prompte, de plus humaine, de plus complète, et les faits que nous allons raconter prouvent combien la France sait se montrer supérieure à toutes les puissances qui ont été entraînées à faire la guerre sur cette partie de l'Afrique ».

Et cependant les impatients, les gens superficiels trouvent qu'on n'a pas marché assez vite et que c'est à peine si l'on a fait quelque chose de bien. On lance cette allégation, toute gratuite, que si l'Algérie s'était trouvée entre les mains d'une autre puissance, de l'Angleterre, par exemple, elle serait dans une situation meilleure. On cite, avec cette manie de comparer des termes qui ne sont pas identiques, l'Australie, la Californie, que l'on ne connaît pas, et l'on va répétant ce lieu commun, faux comme un proverbe : « Les Français ne sont pas colonisateurs ! »

(1) *Recueil des Notices et Mémoires de la Société archéologique de Constantine*, XVIIe vol., 1875, p. 166.

Nous sommes, vraiment, trop modestes et, quand nous nous traitons nous-mêmes avec tant d'injustice, que diront de nous les étrangers? Ils se garderont de nous démentir, car ils sont beaucoup moins naïfs et laissent aux autres le soin de médire sur leur compte. Regardons autour de nous : est-ce qu'un Anglais, un Allemand, un Italien, un Espagnol s'amusera à rabaisser son propre génie national? Nullement. Il le défendra, au contraire, avec un soin jaloux et sera dans le vrai, tandis que nous sommes dans le faux ; peut-être sera-t-il moins spirituel, — bien qu'on ne voie pas, de prime abord, l'esprit qu'il peut y avoir à faire le jeu de ses rivaux, — mais, à coup sûr, il sera plus patriote.

Il est temps d'en finir avec ces ridicules traditions, car nous avons été assez punis pour savoir ce qu'on peut attendre de ses voisins. Revenons à la réalité et à la justice. Oui, le Français est colonisateur; car il est doué non-seulement de l'audace et de l'esprit d'initiative, mais encore de la persévérance, sans laquelle le courage est d'une faible utilité. Qu'on relise notre histoire et qu'on voie ce que nos compatriotes ont fait au Canada, à Terre-Neuve, à la Louisiane, à l'Ile-de-France, dans l'Inde. Lâchement abandonnés par le gouvernement de la métropole, ils ont glorieusement lutté pour l'honneur du nom français. On a pu céder ou vendre le pays qu'ils avaient colonisé pour leur patrie, ils sont restés français de cœur. Ces Canadiens, qui étaient quelques milliers lors du fatal traité de 1763, sont maintenant plus d'un million, et ces colons, bien que soumis depuis plus d'un siècle à la domination anglaise, sont toujours français par le cœur, par le langage, par les mœurs.

Quelle leçon pour nos gouvernants! En effet, sans la déplorable politique des règnes de Louis XV et de Napoléon Ier, nous posséderions, notamment dans l'Amérique du Nord, des colonies d'une grande richesse, nous donnant une influence considérable dans le Nouveau-Monde. C'est l'insouciance de nos gouvernements qui a perdu nos colonies et non l'absence du génie colonisateur.

La conquête et l'occupation de l'Algérie nous fournissent le moyen de compenser toutes nos pertes, et nous ne craignons pas de dire que c'est un des faits les plus considérables de notre histoire. Honneur aux hommes qui ont su mener à bien cette grande entreprise! Que les nouveaux venus, trop portés à ne voir que les imperfections des choses et à critiquer ce qui a été exécuté dans des conditions qui ne sont plus celles de ce moment, se découvrent devant les pionniers de la première heure, ces militaires et ces colons qui ont fait le pays ce qu'il est.

Non-seulement la conquête de cette rive de la Méditerranée a donné à la France une colonie appelée à un grand avenir, et séparée d'elle par une traversée de trente-six heures, mais elle lui a ouvert le Nord de l'Afrique. Déjà maîtres du Sénégal, nous devons nous rejoindre sur les rives du Niger, et le Soudan est notre futur domaine. Quelle grande et belle perspective pour notre patrie ! Quelles ressources offertes à notre activité et à notre esprit d'initiative ! Quelle rénovation pour notre France, ainsi prolongée jusqu'à l'équateur !

Mais, pour assurer la réussite de ce grand projet, tout le monde, en France, doit y apporter son contingent d'efforts, de façon à en faire une œuvre nationale ; car, il ne faut pas se le dissimuler, on n'arrivera à ce résultat qu'au prix de sacrifices, d'efforts et de dévouements accumulés. Les hommes ne manquent pas, chez nous ; il s'agit de les arracher à leur torpeur. N'y a-t-il pas là un débouché ouvert à une foule de jeunes gens qui végètent misérablement dans des emplois subalternes, et qui, au lieu de voir leurs facultés s'étioler, trouveraient, en Afrique, l'emploi de leur intelligence ? Le malheur est que, chez nous, le partage égal des héritages assurant à chacun un petit lot, on s'est habitué à se contenter de cette médiocrité et l'on s'est appliqué à ne pas étendre outre mesure la famille, afin de ne pas fractionner davantage le fonds, tandis que, dans d'autres pays, comme chez nous avant la Révolution, les cadets n'attendant rien, se lancent, sans arrière-pensée, à la conquête d'une position. Il n'y a pas à revenir à l'injustice d'autrefois ; et cependant les conséquences de ce fait sont graves, puisque les économistes lui attribuent, en grande partie, la stagnation et, dans certaines localités, la diminution de la population (1), alors que, partout ailleurs, elle augmente dans de notables proportions.

Il y a là un réel danger pour l'avenir de notre pays, en présence de l'expansion des races germanique et anglo-saxonne, et c'est un sujet qui ne saurait trop préoccuper nos hommes d'état. L'occupation et l'exploitation d'un vaste pays peuvent remédier en partie à cette situation, en offrant aux enfants des familles nombreuses, aînés ou cadets, le moyen d'arriver à la fortune. Il est donc utile de développer et de stimuler, chez nos enfants, le goût des entreprises lointaines et de préparer les parents à cette idée.

La grande importance de la colonisation française en Afrique étant reconnue, il faut que le gouvernement ait, à cet égard, une politique suivie, un plan arrêté, et, qu'au lieu de se laisser surprendre par les évènements, il en profite pour étendre son influence et son territoire. L'Algérie a, à son flanc, une petite vice-royauté, dernier souvenir des possessions de la Porte en Berbérie, qui

---

(1) Voir les beaux rapports de M. Baudrillart, à l'Académie des Sciences morales et politiques, sur l'état actuel de la Normandie.

constitue pour elle un danger permanent. Cet état sans consistance ne se soutient que par le fait de la rivalité des nations qui le convoitent et des intérêts étrangers qui y sont engagés ; qu'une circonstance favorable se présente, il peut passer entre les mains d'une autre puissance, et alors notre situation en Afrique recevra une grave atteinte. Ce pays nous revient et nous devons tendre, par toutes les voies, à nous l'annexer. Les difficultés qui surgissent sur les frontières nous fournissent journellement l'occasion d'intervenir : profitons-en. Quand notre drapeau flottera sur toute cette ligne de côtes qui s'étend de l'embouchure de la Moulouïa au golfe de Gabès, nous pourrons dire que la Méditerranée est véritablement un lac français et l'appeler, comme autrefois les Romains : *nostrum mare*.

A l'Ouest, la situation n'est pas la même. Le Maroc est un pays bien défini et enclos par ses limites naturelles ; de plus, il n'est pas sur notre route. C'est une contrée difficile, habitée par une population en grande partie berbère, nombreuse et vaillante, indépendante de fait en maints endroits et qui défendrait, avec acharnement, ses montagnes contre une invasion étrangère. Aussi, de ce côté, ne devons-nous penser, pour le moment, qu'à une rectification de frontières, mesure absolument nécessaire, en raison de l'incertitude des limites actuelles. Pour ce qui est de la Tunisie, tout autres sont les conditions locales et nous pourrions nous annexer ce pays sans aucune difficulté sérieuse.

En attendant la réalisation de ces projets, il reste à compléter l'œuvre de la colonisation de l'Algérie. M. le Gouverneur général est animé, à cet égard, des meilleures intentions. Son programme en fait foi. La grande réforme qu'il poursuit, tout d'abord, est la remise à l'autorité civile des derniers territoires administrés par les bureaux arabes. Cette institution, si décriée dans ces dernières années, va donc céder la place à un nouveau régime. Puissent ceux qui acceptent cet héritage ne pas commettre les fautes de leurs devanciers et rendre de meilleurs services sans soulever contre eux l'opinion !

L'administration des Arabes par les Européens n'est pas précisément difficile, mais elle exige diverses qualités : la connaissance complète des indigènes, une probité de caractère qui ne puisse permettre aucune capitulation de conscience et un grand sentiment de la justice. Ajoutons à cela de l'énergie, de la décision et cette sorte d'entrain communicatif avec lequel on fait marcher les enfants. L'homme qui réunira ces qualités fera des indigènes ce qu'il voudra ; ils l'aimeront, le respecteront et lui obéiront. Pour conserver de l'influence sur ces esprits naïfs et en même temps corrompus, celui qui est appelé à les commander doit s'observer sans cesse ; ne jamais s'abaisser à leur niveau ; conserver toujours une grande dignité de manières et de conduite ; être sourd aux insinuations que les Arabes savent si habilement glisser dans un but que nous ne pouvons deviner, mais qui, presque toujours, est injuste, et, enfin, n'accepter aucun cadeau et ne recevoir dans son intimité aucun indigène. Combien de fonctionnaires militaires et civils se sont perdus de réputation pour avoir accepté quelques misérables offrandes ou avoir admis trop fréquemment chez eux, même en tout bien tout honneur, des Arabes qui en ont profité pour se donner de l'importance aux yeux de leurs coreligionnaires et se livrer à des prévarications qu'ils ont exercées au nom de leur trop confiant et trop aveugle ami !

Nous estimons donc que, pour la réussite de la grande réforme entreprise, le choix des fonctionnaires est de première importance. Ce sera la pierre d'achoppement, car la plupart ne pourront être appréciés qu'à l'œuvre et ceux qui ne conviendraient pas à leur emploi auront eu le temps de faire beaucoup de mal avant qu'on fût édifié sur leur compte. De plus, ils auront eux-mêmes à lutter contre une difficulté, celle de ne pas trouver de tradition établie. C'est une chose importante, dans un service public, que la tradition, car tout le monde n'a pas l'indépendance d'esprit et la rectitude de jugement qui permettent de s'en passer ; ils devront en créer une de toutes pièces.

Quant aux indigènes, nous avons la confiance qu'ils se soumettront, sans difficulté, à la transformation, à la condition qu'elle soit bien conduite. La nature, a dit un grand physiologiste, ne procède pas par bonds. Il en est de même de presque toutes les choses de la vie ; les évolutions qui sont la loi générale doivent s'opérer sans secousses, sinon la réaction fait bientôt perdre tout le terrain gagné. Du reste, pour ce qui est de l'ordre administratif, l'indigène accepte facilement toutes les innovations ; mais, nous l'avons dit, qu'on ne touche pas à ses mœurs et à sa religion. C'est un écueil à éviter et l'autorité fera bien de modérer le zèle de ceux qui, dans le but très-louable d'amener à notre civilisation les Arabes, seraient tentés d'empiéter sur ce domaine. La propagande, quel que soit son drapeau, devient si facilement intolérante ! Et, du reste, on n'a pas le droit de faire le bonheur des autres par force. Un de nos sénateurs a dit, l'autre jour, à la tribune, avec beaucoup de raison : « C'est par la tolérance religieuse que notre conquête de l'Algérie s'est fortifiée ». Nous ajouterons que, sans le respect absolu des croyances des indigènes, tous nos efforts seront perdus.

Mais, tout en respectant leur religion, il est un

point qui doit appeler particulièrement l'attention de nos administrateurs, c'est l'action constante de ces sociétés religieuses, de ces Khouan, derviches, improvisateurs ambulants, qui circulent sans cesse en pays arabe, provoquent des réunions clandestines, propagent les fausses nouvelles et réveillent, sans cesse, le fanatisme contre nous. Ces gens sont l'âme de toutes les insurrections et ce sont eux qui préparent ces explosions qui nous étonnent par leur soudaineté et que chacun cherche à expliquer selon ses passions et ses préjugés, en se tenant presque toujours à côté de la vérité.

Le danger des associations religieuses musulmanes a été signalé il y a longtemps, trop longtemps même, puisque les uns l'ont oublié, et les autres l'ignorent. « Pour eux (les Khouan), le mot d'ordre est le même aux quatre points cardinaux : haine et guerre à l'infidèle, c'est-à-dire au sectaire d'une religion autre que le mahométisme, qui est la seule religion vraie, la seule qui doive gouverner le monde... Le livre sacré n'admet point de composition : que l'infidèle courbe la tête sous le joug de la loi, ou qu'il meure !... En vain, les nations civilisées s'efforcent de faire luire, aux yeux des disciples de l'islam, les bienfaits d'une tolérance éclairée. Leurs enseignements, aussi bien que leurs exemples, sont perdus.

. . . .

« Suivant ces doctrines, la ligne de conduite de

nos sujets algériens leur est nettement tracée. Aussi les voyons-nous, avec toutes les apparences de la plus grande, on peut dire de la plus humble soumission, se montrer, au fond, rebelles à toutes les tentatives de progrès que le gouvernement poursuit avec de si louables efforts. Il ne faut pas chercher ailleurs la cause de l'insuccès de la plupart des essais qui ont pour but de relever la race arabe de la déchéance morale où elle est tombée et d'améliorer son état social...

« Il est donc permis de croire que ce serait un acte de haute politique et de sage prévoyance administrative que d'attaquer carrément et de front ces doctrines subversives, de mettre un terme à ces aberrations, de réduire l'influence de ces associations toujours hostiles, naguère ardentes à se jeter dans la mêlée, mais plus dangereuses, peut-être, au moment où elles paraissent désarmées (1) ».

Ces pages, écrites il y a vingt ans, sont encore pleines d'actualité. Qu'a-t-on fait pour combattre le danger? Rien ! Bien mieux, on a encouragé l'accroissement de ces sectes par une tolérance inexplicable. De nouveaux Khouan, adeptes de Sidi Senoussi, très-hostiles contre nous, ont fondé deux zaouia, l'une dans la Cyrénaïque sur le passage des pèlerins, et l'autre dans le Sud. Les fondateurs, originaires de la province d'Oran, sont en rapports constants avec

(1) *Les Khouan*, par M. Brosselard, pp. 33 et suiv.

leurs compatriotes et en relations suivies avec l'allemand Rohlfs, qui nous a servis autrefois dans la légion étrangère et qui, depuis, emploie contre nous l'influence qu'il a su acquérir en Afrique.

Voilà ce qui, en général, est ignoré. Un journal s'écriait, naguère, à propos des troubles de l'Aurès : « On parle de Khouan, mais nous ne connaissons pas cela, les Khouan ». En effet, rien ne les distingue des autres indigènes. Tant que nous aurons la force, ils seront peu à craindre : mais, qu'une occasion se présente, et l'on verra de quoi sont capables ces hommes qui ont juré d'être entre les mains de leur Mokaddem, « comme le mort entre les mains du laveur qui le tourne et le retourne à son gré ». Ces hommes sont dangereux comme tous ceux qui, sous l'impulsion d'un sentiment religieux exagéré, vivent dans un monde imaginaire. Nous avons vu que l'absence de lien parmi les indigènes a causé notre force ; or les sociétés religieuses reforment ce lien sous nos yeux.

MM. Hanoteau et Letourneux, parlant de l'influence des sociétés secrètes qui, en Kabilie, a remplacé celle des marabouts, s'expriment comme suit (1) : « Au point de vue de notre domination, ce commencement de décadence des marabouts est un bien. Ils sont trop ignorants pour comprendre notre mission civilisatrice, et ils ont intérêt à la combattre.

(1) T. II, p. 105.

Pour le moment, cependant, nous avons plutôt perdu que gagné à ce qu'à leur pouvoir ait succédé l'action des sociétés religieuses : elles sont moins accessibles à nos moyens d'influence, plus difficiles à surveiller et comme elles obéissent à des chefs qui, presque tous, résident à l'étranger : le signal de la révolte peut être donné à l'improviste, sans qu'aucun indice précurseur nous ait avertis ».

On le voit, les témoignages de ceux qui ont pénétré cette société concordent pour signaler le danger des Khouan.

En l'état actuel, une insurrection ne peut avoir de conséquences graves, parce que nos troupes sont disponibles et qu'on l'étoufferait dès son début, comme on l'a fait dans ces dernières années à El Amri et à Rebâ. Il est probable que, même sous l'administration civile, nous verrons encore de ces échauffourées que nous ne pouvons expliquer, parce que nous tombons toujours dans cette erreur de juger les indigènes comme des gens ayant nos procédés de raisonnement et notre logique. Mais que nos troupes soient retirées, que la France soit occupée ailleurs, qu'une puissance étrangère vienne attaquer nos côtes, et, alors, une révolte pourra avoir des suites déplorables, tant que les Européens ne seront pas assez nombreux pour pouvoir opposer une poitrine à trois ennemis.

Il y a donc, pendant quelques années encore, de

grandes précautions à prendre. *On ne doit pas abandonner la moindre parcelle d'autorité*, et il faut pouvoir, au besoin, suppléer à l'insuffisance du nombre par une puissante organisation et des mesures habilement préparées.

Pour que toutes ces questions fussent bien comprises et qu'on suivît à leur égard une marche logique et régulière, il faudrait de la stabilité dans les institutions, que les fonctionnaires à tous les degrés ne changeassent pas si souvent, et qu'à chaque modification gouvernementale ou ministérielle on n'envoyât pas en Algérie des hommes nouveaux. Ils arrivent ici avec un bagage de préjugés et de bonnes intentions, mais ne connaissant rien à nos affaires, et, quand ils commencent à avoir acquis un peu d'expérience, on les change. D'autres ne considèrent leurs services en Algérie que comme un stage et ne songent qu'à en tirer parti pour rentrer au plus vite en France et avec le plus d'avantage possible. Autrefois, on venait ici par punition. Il est impossible de continuer à marcher ainsi. Il faut créer, ou plutôt compléter l'administration algérienne, car elle existe, et assurer un avenir à ceux qui l'ont mérité en se vouant, sans arrière-pensée, au bien du pays.

Il y a longtemps qu'on a fait ressortir les inconvénients d'un tel système et nous ne pouvons mieux faire que de citer les paroles suivantes, si justes, de

M. de Tocqueville, dans un rapport sur l'Algérie, au Corps législatif : « Ce que nous pouvons dire, c'est qu'il serait sage, avant de confier à des fonctionnaires l'administration de l'Algérie, de les préparer à cette tâche ou de s'assurer qu'ils s'y sont préparés eux-mêmes..... C'est ainsi que procèdent les Anglais dans l'Inde.........................

« Les fonctionnaires que nous envoyons en Afrique ignorent, au contraire, presque tous, la langue, les usages, l'histoire du pays qu'ils vont administrer. Bien plus, ils y agissent au nom d'une administration dont ils n'ont jamais étudié l'organisation particulière, et ils appliquent une législation exceptionnelle dont ils ignorent les règles ».

Ces pages, aussi, sont écrites depuis vingt ans ; ne dirait-on pas qu'elles datent d'hier ? L'éminent rapporteur aurait pu ajouter que des fonctionnaires aussi peu préparés sont à la merci du premier venu.

L'attachement de l'Algérie à la France est inébranlable, et ceux qui, pour les besoins de la discussion, parlent d'un parti séparatiste, en imposent sciemment. C'est encore un des traits du caractère français de rester, même sous la domination étrangère, fidèle à sa patrie. Peut-on en avoir un exemple plus frappant que celui des Français du Canada, dont nous parlions tout à l'heure ? Et cependant, la France est loin d'avoir rempli ses devoirs vis-à-vis de leurs pères. En effet, si les colonies ont des devoirs envers la mère patrie, celle-ci en a également envers ses colonies. Le premier est de leur fournir les libertés et les privilèges nécessaires à leur développement. Or, une centralisation exagérée, forçant la colonie à faire passer toutes ses affaires par la métropole, tutelle aussi inutile que préjudiciable aux intérêts ; l'application, sans discernement, des lois et du régime en usage dans la mère patrie, doivent, en principe, être repoussés, parce que les conditions ne sont pas les mêmes. Le même régime ne convient pas à l'enfance et à l'âge mûr, aux froides régions du Nord et aux climats tempérés du Midi.

Voilà pourquoi l'assimilation pure et simple de l'Algérie à la France est une dangereuse chimère. Heureusement qu'elle est impraticable ; et nous n'en voulons pas d'autre preuve que le programme du gouverneur, qu'on n'accusera pourtant pas d'être autonomiste. Si c'est là de l'assimilation, nous demandons qu'on change le sens des mots. Du reste, un gouverneur général de l'Algérie ne peut pas être purement et simplement assimilateur sans se mettre en opposition avec la logique, sinon, il n'a qu'à commencer par s'en aller.

Quant au mot d'autonomie, qu'on cesse de l'employer, s'il est une cause d'effroi, cela nous est indifférent, pourvu qu'on décentralise et qu'on cesse de nous menacer des bienfaits de l'assimilation.

Qu'on prenne de bonnes mesures, qu'on fasse de bonne administration et de bonne politique, et peu nous importe l'enseigne que l'on mettra à la maison.

En essayant de présenter le tableau de l'Algérie en 1880, nous avons indiqué notre opinion sur chaque chose, à mesure que le sujet nous y amenait. Nous ne prétendons pas avoir trouvé le mot de tout; encore moins avons-nous l'outrecuidance de vouloir imposer nos opinions. Mais, si nos jugements peuvent être combattus, personne ne mettra en doute notre sincérité. C'est ce sentiment et notre affection pour l'Algérie qui nous ont guidé depuis la première ligne jusqu'à la dernière.

Que nos compatriotes dans cette nouvelle patrie nous permettent de terminer par un appel à la concorde. Les compétitions politiques de ces dernières années ont divisé une population auparavant fort unie, et le terrain est resté trop souvent aux politiciens, les hommes désintéressés se retirant, peu à peu, d'une lutte où ils ne recueillaient que des déboires, sans rencontrer aucun appui dans l'opinion publique. En somme, nous l'avons déjà dit, on fait ici beaucoup trop de politique en se figurant, avec naïveté, que cela peut avoir une action sur la marche des affaires de France. On s'exalte et l'on finit par vivre dans un monde à part, en prenant au sérieux ses rêves.

Revenons donc au bon sens ; secouons la tyrannie de gens qui, trop souvent, n'agissent pas en vue de l'intérêt public; voyons les choses comme elles sont; cessons les récriminations injustes et inutiles qui attisent parmi nous les haines et conduisent à l'impuissance ; persuadons-nous que rien n'est parfait dans ce monde, que chaque homme a ses défauts, chaque institution ses inconvénients; repoussons les calomniateurs et les insulteurs publics qui s'appuient sur notre indifférence pour consommer leur œuvre, dont le moindre inconvénient est de nous diminuer aux yeux des étrangers et à nos propres yeux ; unissons-nous tous, sans distinction de caste, pour accomplir cette œuvre nationale de conquête par la civilisation ; tous les dévouements doivent être acceptés, car ici chacun doit trouver son emploi, chacun ayant pour tâche un grand devoir. Militaires ou civils, colons ou fonctionnaires, commerçants ou industriels, donnons-nous la main et travaillons sans arrière-pensée à augmenter la grandeur de notre patrie.

FIN

TABLE DES MATIÈRES

Préface... 5

CHAPITRE Ier.
La conquête militaire 11

CHAPITRE II.
L'Algérie sous notre domination 43

CHAPITRE III.
La colonisation 75

CHAPITRE IV.
Le commerce, l'industrie, les grands travaux publics... 104

CHAPITRE V.
La population européenne et juive..................... 133

CHAPITRE VI.
La population indigène................................ 155

CHAPITRE VII.
L'instruction publique ; la vie intellectuelle........ 180

CHAPITRE VIII.
La justice ; la sécurité.............................. 208

CHAPITRE IX.
L'organisation actuelle ; les projets du gouverneur... 237

CHAPITRE X.
Conclusion.. 262

www.ingramcontent.com/pod-product-compliance
Lightning Source LLC
Chambersburg PA
CBHW050647170426
43200CB00008B/1195